Gustav Theodor Fechner

Die drei Motive und Gründe des Glaubens

Gustav Theodor Fechner

Die drei Motive und Gründe des Glaubens

ISBN/EAN: 9783743315679

Hergestellt in Europa, USA, Kanada, Australien, Japan

Cover: Foto ©Thomas Meinert / pixelio.de

Manufactured and distributed by brebook publishing software
(www.brebook.com)

Gustav Theodor Fechner

Die drei Motive und Gründe des Glaubens

Die
Drei Motive und Gründe
des
Glaubens.

Von

Gustav Theodor Fechner.

Leipzig,

Druck und Verlag von Breitkopf und Härtel.

1863.

Vorwort.

Jeder Mensch hat sein Glaubensgebiet; zum Theil decken sich die verschiedenen Gebiete, zum Theil weichen sie auseinander. Das wahre Wissen aber ist nur eines; ist nicht auch der wahre Glauben nur einer? Manche meinen vielmehr, es sei recht und billig, daß jeder seinen besondern Glauben habe.

Fragt sich vor Allem: was ist Glaube dem Wissen gegenüber? denn ein Theil des Wesens beider besteht doch in ihrem Verhältnisse zu einander. Ist es ein geschwisterliches, freundliches, feindliches? Hat das Wissen der Knecht des Glaubens zu sein oder der Glaube sich vor dem Wissen wie die Eule vor dem Lichte zu verkriechen? Sind sie wie die zwei Köpfe des Janus an einander geheftet, also daß jedes nach einer andern Richtung sieht, jedes nur sieht, was das andre nicht sieht? Oder kann jedes gar seiner andern Natur nach dasselbe nur anders sehen, als das andre?

Es sind alte Fragen, ist ein alter Streit, der heute noch
des Austrags wartet. Anstatt ihn jedoch hier wieder aufzu-
nehmen, geht dieses Schriftchen abseits von dem Streite
einen Weg, auf dem es keinen Anlaß zu dem Streite, weil
die Antwort fast vor der Frage findet. Was ist seine andre
Absicht?

So groß das Glaubensgebiet und das Gebiet der Glau-
benden ist, so dunkel ist es und so viele Wege laufen darin
theils zusammen, theils auseinander. Wenige denken überhaupt darüber nach, weßhalb sie glauben, was sie glauben,
Wenige, was sie berechtigt, zu glauben, was sie glauben,
Wenige treffen dabei recht das Rechte und Viele verlieren
über dem Nachdenken gar den Glauben, weil sie das Rechte
nicht getroffen haben. Dieß Schriftchen ist aus dem Nachdenken darüber erwachsen, was das Rechte und die Ge-
währ des Rechten in Glaubenssachen sei, und seine Absicht das Nachdenken wieder den Weg zu führen, der uns als
der rechte erschienen ist, einen Weg, auf dem an Glauben
vielmehr gewonnen als verloren wird.

Kurz bezeichne ich die Aufgabe dieses Büchleins dahin:
zu zeigen, wie der Glaube aus seinen Motiven erwächst, die
Motive des Glaubens zu Gründen erwachsen zu lassen, und
damit den Glauben selbst wachsen zu lassen.

Der Hauptgegenstände des Glaubens sind drei, und so
werden wir auch drei Hauptmotive und in Folge dessen drei
Hauptgründe für den Glauben finden, die sich aber nicht

nach den Gegenständen scheiden, sondern zu dem Bande, was
diese in der Natur der Dinge haben, ein Band im Menschen
fügen.

Das Gemeinsame der Motive und Gründe vereinige ich
unter dem Namen **Principien** des Glaubens, und so kann
ich auch sagen, es soll sich hier um die Principien des Glaubens handeln.

Wir haben schon viele Lehrbücher des Glaubens; sie sind
nur für die Meisten zu gelehrt. Wir haben darin schon Beweise für das Dasein Gottes, des Jenseits und der Engel;
aber sie sind eben nur für die Gelehrten da, und der Glaube
ist für Alle da. Ließen sich nicht auch die Gründe des Glaubens Allen zugänglich und eingänglich machen? Möchten
doch viele glauben und können nur nicht glauben; werden sie
den Glauben aus seinen Lehrbüchern zu lernen, oder nach
Erbauungsbüchern, die ihn fertig voraussetzen, den fehlenden
erbauen können? In dieser kleinen Schrift aber wird versucht, den Glauben zu lehren, den Glauben zu erbauen, ohne
daß es der Gelehrsamkeit der Lehrbücher oder der Voraussetzung der Erbauungsbücher dazu bedarf.

Es ist Alles so einfach, klar, verständlich und nach selbst-
verständlichen Vordersätzen fast selbstverständlich darin, daß
ich freilich besorge, man wird es vielmehr zu sehr als zu wenig finden, nachdem man es sonst so anders in diesen Dingen zu finden gewohnt ist. Und wird auch der Wortgläubige
damit zufrieden sein, daß ich die wichtigsten Worte, an die er

glaubt, wirklich einfach beim Worte nehme, der Vernunft-
gläubige damit, daß ich sie ganz nach der Vernunft nehme,
und der Ungläubige damit, daß ich seine Gründe des Unglaubens selbst zu Glaubensgründen erhebe; nachdem der Widerspruch zwischen den Dreien, in dem sich das Glaubensleben
rings bewegt, fast mehr als an Anderm daran hängt, daß
sie dem selbst nicht gerecht werden, worin sie ihre Gerechtigkeit gegen einander suchen.

Wird endlich der Fortschritt, den der Glaube hier über
seinen bisherigen Standpunkt hinaus wagt, auch nur verzie-
hen werden, nachdem die Gläubigsten den festen Ruhestand
des Glaubens zu seinem Wesen rechnen?

Getröste dich also Büchlein einer kleinen Gemeine und
des Baumes, der in der Eichel schläft. Magst du ein kleines
Blatt am Keime dieses Baumes sein.

Inhalt.

I.

Glaube und Wissen im Allgemeinen.

———

Wie alle Allgemeinbegriffe kann man auch Glau=
ben in verschiedener Weite und Weise fassen. Anstatt
aber zu streiten, wie er zu fassen sei, erklären wir einfach,
was wir hier unter diesem Namen verstehen und betrachten
wollen. Genug, wenn wir damit in den Gränzen des
Sprachgebrauches bleiben, und solche nur für die Zwecke
der folgenden Betrachtung fester stecken, als sie bei den
Schwankungen des Gebrauches stehen.

Vielleicht thäte man gut, öfter so zu verfahren, als es
gemeinhin geschieht.

Im weitesten Sinne nun versteht man und verstehe ich
unter Glauben ein Fürwahrhalten dessen, was nicht durch
Erfahrung oder logischen Schluß, wozu der mathematische
gehört, gewiß ist.

Soll ich mich hienach auch noch erklären, was ich
unter Fürwahrhalten, Erfahrung, logischem Schluß, Ma=

thematik verstehe? Aber man sieht wohl, daß ich dann nicht fertig werden oder nicht zum Anfange dessen kommen würde, um was es hier eigentlich zu thun ist. Der Sprach=gebrauch und der Zusammenhang der Betrachtung muß hinreichen, das Sächliche verstehen zu lassen, was darun=ter verstanden werden soll; und nur um Sächliches soll es sich hier handeln.

Wollte ich freilich eine Metaphysik des Glaubens schrei=ben, so müßte ich nach allen Seiten tiefer in Begriffs=zusammenhänge eingehen, bis zum Abgezogensten zurück=gehen, vom Letzten ausgehen, als wenn es das Erste wäre. Aber wozu könnte es führen? Nachdem mir geschienen, daß alle Metaphysik, Dogmatik, Mystik und Mythik des Glaubens vielmehr in das Dunkel als aus dem Dunkel führt, unterlasse ich es, in ihre Tiefe einzugehen. Was wir suchen, liegt über dieser Tiefe.

In jenem weitesten Sinne, in welchem wir zuerst den Glauben faßten, ist sein Begriff gleichgültig gegen sei=nen Inhalt. Man kann glauben, daß es einen Gott und daß es einen Teufel giebt, Krieg oder Frieden geben wird, von Dreizehn, die zu Tische sitzen, in diesem Jahre einer sterben wird; ja was kann man nicht Alles glauben. Un=glaublich ist's, was Alles in der Welt geglaubt wird; und von Allem, was geglaubt wird, wird auch das Gegentheil geglaubt. Der crasseste Aberglaube ist noch in diesem wei=testen Sinn des Glaubens Glaube.

Aber in einem engeren Sinne, wenn man z. B. Glaube, Liebe, Hoffnung zusammenstellt, auf den Glauben als des Menschen letzte Zuflucht weist, vom Seligwerden durch den Glauben, von Glaubensangelegenheiten, Glaubensquellen, gläubigen Menschen spricht, versteht man und verstehe ich unter Glauben nur den Glauben an die höchsten und letzten Dinge, d. i. Gott, Jenseits, höhere geistige Existenzen. Sie überreichen am weitesten Alles, was in jenen Wegen gewiß ist, und darum sprechen wir hier vorzugsweise von Glauben. So ist der Glaube in engerem Sinne nur das höchste Gebiet des Glaubens in weiterem Sinne.

Von jeher haben die Völker Heilsbedingungen an das Dasein der Gegenstände dieses Glaubens und an den Glauben daran selbst geknüpft und das höchste und allgemeinste Band in solchem Glauben gesucht. Insofern nennt man ihn auch religiösen Glauben zum Unterschiede von gemeinem Glauben.

Um diesen Glauben in engerem Sinne wird sich's hier vorzugsweise handeln; doch da er die allgemeinsten Verhältnisse und Eigenschaften des Glaubens im weitesten Sinne theilt, die unabhängig sind von der Beschaffenheit des Geglaubten, so wird es gelten, diese vorerst in Betracht zu ziehen.

Nach Manchen möchte es freilich scheinen, daß der Glaube an die höchsten und letzten Dinge überhaupt ganz andrer Natur sei, ganz andre Quellen und Folgen habe, als der Glaube an irgend welche andere Dinge, an das, was hier und da, was morgen oder über's Jahr sein oder nicht sein wird, daß er etwas schlechthin Darüber oder gar Zuwider, etwas Specifisches in jeder Hinsicht sei. Und sollte man ihn wirklich irgendwie mit dem Aberglauben in Eins fassen können? — Aber zuvörderst ist der Glaube an die höchsten und letzten Dinge ein Fürwahrhalten des Daseins und der Beschaffenheit der Dinge, auf die er sich bezieht, wie jeder andre Glaube, ohne durch Logik und Erfahrung gewiß gemacht werden zu können, hat also doch begrifflich etwas damit gemein, und es wird selbst zur Aufgabe des Folgenden gehören, zu zeigen, daß das Specifische des Glaubens an die höchsten und letzten Dinge eben nur darin liegt, daß diese Dinge die höchsten und letzten sind, das Höchste und Letzte von dem aber sind, worin wir Alle leben und weben, und die Motive und Gründe jedes anderen Glaubens also sich in Bezug auf sie am höchsten gipfeln, am vollständigsten darin zusammen- und abschließen. So fest kann kein Glaube werden, als der Glaube an diese Dinge, so durchschlagend keine Motive, so bindend keine Gründe, so weit und tief greifend keine Folgen. Warum? Weil die Motive, Gründe, Folgen des Glaubens an die allgemeinsten, höchsten und letzten Dinge die Natur ihrer Gegenstände tragen, die allgemeinsten, höchsten und letzten zu sein, von denen aber zu

sein, in denen unser ganzes Leben, Dichten und Trachten beruht und sich bewegt.

Der Glaube ist wie eine hohe Pyramide. Die Motive und Gründe alles Glaubens laufen von einer breiten Unterlage aus im religiösen Glauben wie in eine letzte herrschende Spitze zusammen, und gleich sehr irrt, wer die Spitze der Pyramide als etwas Abgesondertes über der Pyramide sucht, und wer den Blick nicht über die Basis erhebt, zur Hälfte irrt, wer ihn nur halb erhebt.

Man kann glauben, daß etwas ist, und glauben, daß auf etwas Verlaß ist; dann heißt der Glaube Vertrauen. Diesen Sinn hat oft der Glaube in der Bibel. Es wurzelt aber der eine in dem andern Glauben, denn wie könnte man glauben, daß auf etwas Verlaß ist, von dem man nicht auch glaubte, daß es ist. So sagt die Bibel: „Ohne Glauben ist es unmöglich, Gott gefallen, denn wer zu Gott kommen will, der muß glauben, daß er sei, und denen, die ihn suchen, ein Vergelter sein werde" (Ebr. XI. 6). Zwar bedarf der Glaube im ersten Sinne noch eines Zuwachses von Bestimmungsgründen, um zum letzten zu werden; aber sie wachsen aus dem rechten Glauben an das Rechte auch von selbst heraus. So wird es also nicht nöthig, die Betrachtung in Bezug darauf zu scheiden.

Was nun ist das Wissen dem Glauben gegenüber?

Auch hier gilt es wieder, eine engere und weitere Bedeutung zu unterscheiden. Das Gewußte im engsten und

strengsten Sinne, hiemit das schlechthin oder objectiv
Gewisse ist uns gegenüber dem Geglaubten nur das,
was nach dem Satze der Identität unmöglich anders vor-
zustellen oder zu denken ist, das ist alles durch unmittelbare Erfahrung, triftigen logischen Schluß oder den
letztern auf Grund der erstern Erkannte.

Ich weiß in diesem Sinne des Wissens, daß eine Em-
pfindung des Roth, Grün, Gelb in der Welt ist, wenn
ich sie selber habe; daran läßt sich nichts mäkeln; was da
ist, das ist da. Ich weiß, daß jedes Dreieck in Summa
zwei rechte Winkel einschließt; denn ich kann es nicht anders denken, ohne mit den vorgedachten Bedingungen des
Dreiecks in Widerspruch zu gerathen; ich weiß auf gleichem Grunde bei einer Kugel, deren Durchmesser ich aus
Erfahrung kenne, welches ihr Umfang und ihr Inhalt ist.
Ob aber Andre die Orange, die vor mir liegt, eben so
gelb sehen, als ich, kann ich streng genommen nicht wissen; ich glaube es nur fast so fest, als ob ich es wüßte;
und so lange ich die Triftigkeit eines logischen Schlusses
nicht selbst eingesehen, die Unmöglichkeit des Andersden-
kens nach den Foderungen begrifflicher Einstimmung dabei selbst erkannt, kann ich wohl glauben, aber nicht wissen, daß er triftig ist und das damit Erschlossene richtig ist.

Dessen, was wir gewiß wissen, ist außer dem allerdings sehr ausgedehnten Reiche mathematischer Wahrhei-

ten im Grunde sehr wenig, und bei den mathematischen
Wahrheiten überdieß in Betracht zu ziehen, theils, daß sie
nur eine Sache des strengen Wissens Weniger, für Andre
mehr oder weniger nur Glaubenssache sind, theils, daß
sie nichts an sich über die Existenz aussagen, sondern nur
sagen: wenn dieß so ist, so ist dieß so. Die Mathematik
kann nicht beweisen, daß es einen Raum von drei Dimen=
sionen giebt, in dem sich Linien ziehen, durch den sich
Gränzen legen lassen, daß es Dreiecke, Kreise giebt, son=
dern nur, daß, sofern es einen Raum, Dreiecke, Kreise im
Sinne der Definition giebt, aus dem Gegebenen dieß und
jenes folgt. Allem, was vor uns geschehen ist, nach uns
geschehen wird, fern von uns geschieht und existirt, geht
die Gewißheit des Wissens für uns in jenem strengsten
Sinne des Wissens ab; sie reicht nach ihrem aufgestellten
Begriffe im Gebiete des Erfahrbaren überhaupt nicht über
das unmittelbar Erfahrene und seinen logisch analysirba=
ren, combinirbaren und entwickelbaren Inhalt hinaus.

Inzwischen giebt es Principien der Verallgemeinerung
des Erfahrenen, Gesetze, die selbst erst durch Verallgemeine=
rung des Erfahrungsmäßigen gewonnen sind, und die sich um
so mehr wieder in der Erfahrung bestätigen, je länger und
je weiter und je gründlicher wir sie verfolgen. Auch diese
Principien und Gesetze und was daraus folgt, pflegt man
in weiterem Sinne zum Gebiet des Wissens zu rechnen
und mögen wir im Folgenden dazu rechnen. Die ganze

Naturwissenschaft geht auf Erzeugung solchen Wissens, obschon das so erzeugte Wissen in letzter Instanz immer an dem Glauben hängt, daß die Verallgemeinerung, auf der wir fußen und die daraus gezogenen Folgerungen ferner ihre Bestätigung finden werden, wie sie solche bisher im Kreise des Erfahrungsmäßigen gefunden haben. Denn weder durch Logik noch Erfahrung läßt sich beweisen, daß solche eintreten müsse.

Wer kann sagen, es sei durch Erfahrung oder Mathematik oder beides zusammen erwiesen oder erweisbar, daß das Gravitationsgesetz durch alle Räume gilt, durch alle Zeiten gelten wird. Doch hat es sich gültig gezeigt, so weit und so lange wir es durch die Himmel und die Zeiten verfolgen konnten. Das begründet einen Glauben, der es dem strengsten Wissen an Festigkeit fast gleich thut, daß es auch ferner gelten werde, und darum rechnen wir es selbst als eine Sache unseres Wissens, ja als eine Sache des strengen, des exacten Wissens.

In das Meiste, was Wissen heißt, geht der Glaube doch bedingungsweise ein, sofern das Wissen dabei sich auf die Voraussetzung von etwas Geglaubtem stützt. So setzt alles unser historisches Wissen den Glauben an die Glaubwürdigkeit der Quellen, unsre ganze Erfahrungswissenschaft den Glauben, daß Andre recht gesehen, und nur das, was sie recht gesehen, gesagt haben, unsre ganze Psychologie, so weit sie nicht blos die eines einzigen In-

dividuums ist, den Glauben an andrer Menschen Seelen
voraus. Und was bliebe von aller unsrer Wissenschaft,
wenn aller dieser Glaube fiele.

Also mag auch der Mann des Wissens den Glauben
nicht zu sehr verachten. An allem seinen Wissen hat etwas Glaube Antheil; entziehe ihm denselben und das
Wissen selbst verfällt. Nicht den Glauben zu verbannen,
sondern so weit als möglich durch Wissen zu ersetzen, kann
seine Aufgabe als Mann des Wissens sein. So weit als
möglich. Und reicht das Wissen nicht, einen Glauben zu
ersetzen, so mag die Frage sein, ob der Glaube überhaupt
ersetzlich oder nicht ist, und hienach die Aufgabe sich stellen, ihn von der Wissensseite her zu stürzen, oder, wenn
nicht zu begründen, doch zu stützen.

Ist nach dem Allen der Glaube doch nichts weiter als
ein unvollkommnes Wissen?

Aber das hieße, das Wesen des Glaubens schlecht erkennen. Vielmehr wie das, was wir von einer Sache
glauben, stets über das, was wir von ihr wissen, hinaus
reicht, überreichen auch die Bestimmungsgründe des Glaubens allgemein gesprochen die des Wissens und kann die
Unzulänglichkeit der letztern, die bei jedem Glauben stattfindet, durch andre Bestimmungsgründe ergänzt werden.
So sehr, daß ein Fürwahrhalten der Sache zu Stande
kommt, das an Festigkeit dem, was auf Wissensgründen
ruht, oft nicht nachsteht, und eine der objectiven Gewißheit

des Wissens zwar nicht gleichartige, aber die Wage hal=
tende subjective Gewißheit entstehen kann. Das ist eine
Gewißheit, welcher das Gefühl, es könne anders sein,
eben so fern liegt, als jener das klare Bewußtsein, es
könne nicht anders sein, beiwohnt. Wie denn der ächt
religiöse Mensch an das Dasein Gottes, der Muselmann
an den Himmel mit den Huri's, so fest als der Naturfor=
scher an die Allgemeingültigkeit der Naturgesetze glaubt,
trotz dem, daß das Dasein jener Glaubensgegenstände alle
Erfahrung und alle Mathematik übersteigt. Können doch
Bestimmungsgründe des Glaubens mit solchen des Wis=
sens geradezu in Conflict kommen und oft sie überbieten.
Oder warum gilt Vielen ein Wort der Bibel mehr als alle
Experimente der Naturwissenschaft und alle Speculation
der Philosophie. Von Luther selbst hat man die Aeuße=
rung: „die Sorbonne hat die höchst verwerfliche Lehre auf=
gestellt, daß das, was in der Philosophie ausgemachte
Wahrheit sei, auch in der Theologie als Wahrheit gelten
müsse," und der Kirchenvater Tertullian sagte sogar offen
heraus: „credo, quia absurdum est." Er wollte da=
mit sagen: meine Gründe zum Glauben liegen nicht nur
ab von den Wissensgründen; sie widersprechen ihnen sogar.

Nicht minder als die Gründe reichen auch die Folgen
des Glaubens weit über die des Wissens hinaus.

Der Glaube wird nicht blos erzeugt; er zeugt auch
wieder, zwei männliche Kinder, Thaten und Schlüsse,

zwei weibliche, Hoffnung und Furcht. Die Kraft seiner
Erzeuger und seiner Kinder aber stehen in Verhältniß und
in den letzten beweist sich seine eigene Kraft. Sehen wir
nun zu, so wird das ganze Handeln, Denken, Fühlen des
Menschen viel mehr vom Glauben aus durch diese Spröß-
linge des Glaubens als vom Wissen aus bestimmt; da es
doch so wenig giebt, was wir wirklich wissen. Und sehen
wir näher zu, so erzeugt gerade der Glauben an die höchsten und letzten Dinge, die unser Wissen am meisten übersteigen, die allerstärksten Wirkungen. Und sehen wir ganz
genau zu, so gehört zu den wichtigsten Wirkungen eben
dieses, alles Wissen übersteigenden, Glaubens selbst, das
Wissen zu fördern, denn was hat die Christen weiser als
die Türken gemacht!

Es ist wahr, Eisenbahnen und Maschinen kann der
Glaube nicht bauen; das muß er dem Wissen überlassen,
obwohl der Glaube an Vortheile, die noch nicht da sind,
und oft nicht kommen, den Bau doch anregt, den das Wissen nur ausführt. Aber es giebt größere Wirkungen des
Glaubens, wobei das Wissen ganz zurücktritt oder noch
mehr in die Dienstbarkeit des Glaubens eintritt.

Der Glaube war es, der in den Kreuzzügen Hundert-
und Aberhunderttausende von Westen nach Osten und in
den Zügen des Halbmonds von Osten nach Westen geführt
hat, der den Pabst auf den Thron gesetzt und die Fürsten
unter seine Füße gelegt hat, der den Städten ihre Dome,

den Dörfern ihre Kirchen, den Hügeln, Wegen und Ste-
gen ihre Kapellen und Kreuze gab, der Griechenland mit
Statuen und die Klöster mit Mönchen bevölkert hat.

Man denke an die Martern, die um des Glaubens
willen Unzähligen auferlegt, von unzähligen Märtyrern
erduldet, von unzähligen Büßern sich selbst auferlegt
worden sind; wie viel Menschen um des Glaubens willen
gar geschlachtet und verbrannt worden sind, sich haben
schlachten und verbrennen lassen, sich selber freiwillig in
den Tod gestürzt haben.

„Und was soll ich mehr sagen — schließt Paulus *),
nachdem er schon Vieles im selben Sinne aufgezählt —
die Zeit würde mir zu kurz werden, wenn ich sollte erzählen von Gideon, und Barak, und Simson, und Jephthah,
und David, und Samuel, und den Propheten;

Welche haben durch den Glauben Königreiche bezwun-
gen, Gerechtigkeit gewirket, die Verheißung erlanget, der
Löwen Rachen verstopft;

Des Feuers Kraft ausgelöschet, des Schwertes Schärfe
entronnen; sind kräftig geworden aus der Schwachheit,
sind stark geworden im Streit, haben der Fremden Heer
darniedergelegt;

Etliche haben Spott und Geißeln erlitten, dazu Bande
und Gefängniß;

*) Ebr. XI. 32 ff.

Sie sind gesteiniget, zerhackt, zerstochen, durch's Schwert getödtet; sie sind umhergegangen mit Pelzen und Ziegenfellen, mit Mangel, mit Trübsal, mit Ungemach;

Und sind im Elende gegangen in den Wüsten, auf den Bergen und in den Klüften und Löchern der Erde;

Diese alle haben durch den Glauben Zeugniß überkommen."

Es giebt kein Wissen in der Welt, das solche Wirkungen erzeugen kann, die so zu sagen den Tod überwinden, d. i. die Furcht vor dem Tode und die Scheu den Wehrlosen zu tödten, weil es kein Wissen giebt, das selbst den Tod überwindet, d. i. die Furcht vor dem Tode Lügen strafen und die Sicherheit eines besseren Lebens darüber hinaus gewähren kann. Das muß der Glaube andersher nehmen, seine Kraft aus einer andern Quelle ziehen. Die Furcht vor dem Tode ist angeboren; wie mächtig ist alles Angeborene; der Glaube ist erwachsen, doch kann er die Furcht vor dem Tode überwachsen.

Was aber können die so mächtigen, vom Wissen abseits liegenden, und oft alle Bestimmungsgründe desselben überbietenden, Bestimmungsgründe zum Glauben sein, die Wirkungen von solcher Ausdehnung und Kraft zu erzeugen vermögen? Sind es ganz mystische, läßt sich gar nichts davon zeigen? Im Gegentheil, ganz offenkundige, auf's Leichteste aufzuzeigen, nur daß der Achtlose das, was er täglich sieht, leicht gar nicht sieht, und der Tiefsinnige lie=

ber nach dem, was hinter dem Nächsten, als nach dem
Nächsten sieht, und der einseitig Stehende es nur von
einer Seite sieht.

Doch ehe wir versuchen, vor dem Ferneren das Nächste,
dieses aber von allen Seiten zu zeigen, begegnen wir
einem zweiten Irrthum nach dem ersten, so folgenschwer
als es der erste sein kann, womit sich von selbst schon eine
der drei Seiten zeigt, die es im Folgenden wird genauer
zu betrachten gelten.

So irrig es wäre, den Glauben blos von Wissensgründen abhängig machen zu wollen, und im Glauben
nichts als ein unvollkommnes Wissen zu sehen, so irrig
wäre es, die Wissensgründe von den Bestimmungsgründen des Glaubens ganz auszuschließen und überhaupt im
Einen etwas blos Aeußerliches gegen das Andre zu sehen. In unser meistes Wissen fanden wir etwas von Glauben eingehend; umgekehrt kann das, was wir von einer
Sache wissen, sehr wichtigen Antheil an unserm Glauben
haben, hat einen oft freilich nur versteckten Antheil überall,
und zählt im Conflict mit anderen Bestimmungsgründen
des Glaubens selbst als ein solcher mit einem Gewichte
mit, das nach Umständen überwiegen oder überwogen
werden kann.

Was erweckt den Glauben selbst des rohen Wilden,
der nichts von Astronomie weiß, die Sonne werde morgen
aufgehen, wie sie heute aufgegangen ist? Nur daß er weiß,

sie ist heute, gestern, vorgestern, jeden Tag seit Menschen=
gedenken aufgegangen. Eine solche Induction kann nie
vollständig sein; aber das an sich unvollständige Wissen,
was darauf ruht, ergänzt sich von selbst nach einem psy=
chologischen Gesetze zu einem um so sichrern und festern
Glauben, einer je geringern Ergänzung es bedarf.

Was läßt uns zur eigenen Seele, der einzigen, von
der wir wirklich wissen, an eine Seele aller andern Men=
schen glauben? Daß wir ihre Körper und körperlichen
Aeußerungen den unsern gleichen sehen, woran wir Geist
und geistige Thätigkeit gebunden wissen. Dieser Analo=
gieschluß kann so wenig als jener Inductionsschluß ein
Wissen im strengsten Sinne begründen; aber was daran
fehlt, ergänzt sich wieder eben so von selbst zum Glauben.

Der Glaube an die höchsten und letzten Dinge freilich
ist nicht solcher Art, daß es nur noch jener schwachen sub=
jectiven Ergänzung der Wissensgründe bedürfte, die ver=
nachlässigend wir das Geglaubte zum Wissen selber rech=
nen. Die Wissensgründe reichen hier viel weniger weit,
die andern Glaubensgründe gewinnen bei Weitem die
Oberhand; doch würden sie ohne den Dienst der Wissens=
gründe ihrerseits nicht reichen und kommen niemals ohne
sie zur Geltung.

Also mag auch der Mann des Glaubens das Wissen
nicht zu sehr verachten. Sein Glaube würde ohne das
zur leeren Phrase oder Blase.

Nach Allem, nicht das Fehlen der Wissensgründe,
sondern die Unzulänglichkeit derselben zu einem vollkom=
menen Wissen oder einer objectiven Gewißheit im oben
angegebenen Sinne und die Ergänzung dieses Mangels
durch psychologische oder anderweite Gründe charakterisirt
den Glauben; und nur relativ mögen wir vom Fehlen der
Wissensgründe beim Glauben sprechen, wenn sie, wie
oft, gegen die andern Glaubensgründe nicht aufkommen
können.

Indem die Bestimmungsgründe des Wissens in die
des Gläubens mit eingehen, der Glaube aber noch Be=
stimmungsgründe darüber hinaus hat, das ganze Gebiet
des Glaubens viel größer als das des Wissens ist, sein
Einfluß auf Leben, Fühlen, Denken den des Wissens
überreicht, nur der Glaube nicht das Wissen über=
haupt bis zu den höchsten und letzten Dingen reicht,
so könnte man Anlaß genug finden, vielmehr im Wissen
einen unvollkommenen Glauben als umgekehrt zu sehen,
und vielmehr dem Glauben als dem Wissen die höhere
Stellung anzuweisen, wenn nicht aller Streit um den
Vorrang dessen, was nur mit und durch einander besteht,
überhaupt müßig und ein Verkennen des rechten Verhält=
nisses wäre. So sehr der Glaube das Wissen überragt,
nimm ihm alles Wissen, und du hast nur noch reinen
Aberglauben; ja nicht einmal mehr den Stoff zum Aber=
glauben; nimm dem Wissen allen Glauben, und du hast

zur mathematischen Leere nur noch die materialistische
Fülle, ja stehst allein mit deiner Seele in der Welt ohne
Seele neben, über, vor und nach dir. Man nennt den
Glauben blind dem Wissen gegenüber; er ist es wirklich
dem Wissen g e g e n ü b e r, wie der Mensch blind seinen
Augen gegenüber, d. h. abgesehn von seinen Augen ist;
das rechte Wissen aber sind des rechten Glaubens Augen.
So fände also der Glaube doch nur durch das Wissen sei-
nen Weg? Aber können umgekehrt die Augen ohne den
ganzen Menschen einen Weg finden? Doch ich will nicht
Bilder häufen, von denen sich fragen kann, ob und wie
weit sie treffen, für das, was an sich selber klar für jeden,
der einen klaren Blick auf das Verhältniß von Wissen und
Glauben heftet.

Auch wird man gern Alles zugeben, und Mancher
nur eben das davon ausnehmen, wofür es am meisten
gelten und hier geltend gemacht werden soll, den Glauben
an die höchsten und letzten Dinge. Was kann da das
Wissen? sagt der eine; nichts; also müssen wir auch nichts
hiebei von ihm verlangen; — der Andre: da sich hier nichts
wissen läßt, so ist es eben auch nur Aberglaube. Und so
läßt der Eine das Wissen, der Andre den Glauben ganz
bei eben jenen Dingen fallen, bei welchen nur die beßte
Vereinigung aller Kräfte zum zugleich Wahrsten, Beßten,
Höchsten führen kann.

II.

Das Glaubensgebiet im engern Sinne.

———

Wenn schon der Glaube an die höchsten und letzten Dinge mit jedem andern Glauben unter denselben Allgemeinbegriff tritt, bleibt er doch sachlich etwas Ungemeines über jedem andern Glauben und hat Manches in sich doch mit keinem andern gemein.

Zuvörderst hat er das gemein, daß er ein Geisterglaube ist; denn auch im Jenseits handelt es sich ja um Geister; und hiemit, daß er, mindestens diesseits, immer Glauben zu bleiben bestimmt ist, da jeder diesseits immer nur von seiner eigenen diesseitigen Seele wird wissen können; wogegen es andern Glauben giebt, der heute noch Glauben, morgen Wissen ist, oder dem Streben, ihn zum Wissen zu erheben, doch einstigen Erfolg verspricht. Ein solcher Erfolg ist hier der Sache nach unmöglich.

Inzwischen ist er nicht der einzige Geisterglaube und hiemit nicht der einzige, von dem dieß gilt. Dasselbe gilt

vom Glauben an andre Menschenseelen, Thierseelen, ir=
gendwelche Nachbarseelen überhaupt; ihr Dasein kann so
wenig als das von Gott, jenseitigen und höhern Geistern
durch unmittelbare Erfahrung und logischen Schluß gewiß
gemacht werden; und so könnte umgekehrt das Dasein von
diesen eben so gewiß sein; und es wird sich zeigen, daß
wir in der That ganz entsprechende Gründe dazu haben.

Doch bleibt der eine Glaube immer etwas von höherer
Stufe als der andre; die Gründe des einen müssen sich
erweitern, steigern, um Gründe des andren zu werden,
und die Interessen des einen überragen die des anderen.

Der Glaube an andre Menschenseelen hat für uns
das nächste, specialste, an Thierseelen und etwaige Pflan=
zenseelen ein schon ferner liegendes, an Seelen auf andern
Weltkörpern das fernste nur noch beiläufige Interesse;
der Glaube an die höchsten und letzten geistigen Mächte
aber ein über allen diesen und jeden Glauben überhaupt
übermächtiges, übergreifendes, alle daran hängenden In=
teressen meisterndes, allgemeinstes, höchstes und letztes,
theoretisches und praktisches Interesse für den Menschen
deßhalb, weil die geglaubten Gegenstände solches haben,
das fernste aber nur insofern, als es in seiner Allgemein=
heit das fernste mit begreift.

In Gott schließt sich nach dem Glauben die Existenz
der ganzen Geisteswelt, ja der Welt überhaupt, ab, findet
ihr Band, ihre Spitze, ihren Urgrund, ihr Princip darin;

2*

welche Namen man für ihn brauchen mag, man sucht die,
die das Höchste zum Ganzen bedeuten. In einem Jen=
seits wird die Vollendung der Ziele, Ausgleichung der
Mängel des ganzen diesseitigen Lebens erwartet. Für die
Lücke zwischen uns und Gott werden Vermittelungen in
höhern Geistern gesucht. Die Gesammtheit dieses Glau=
bens aber hat auf Denken, Fühlen, Handeln der Mensch=
heit den allgemeinsten und wichtigsten Einfluß bewährt und
bewährt ihn heute noch.

Hiemit wirkt er selbst bis in das Leben des Tages
herab und gewinnt dadurch allerdings auch Einfluß auf
unsre nächsten und specialsten Interessen, immer aber nur
von allgemeinsten, höchsten und letzten Gesichtspuncten
aus, wie umgekehrt der Glaube an die Seelen unsrer
Nächsten in Staat, Sittlichkeit und Sitte sich zu höhern
und allgemeinern Interessen erhebt, damit jenen höchsten
und allgemeinsten Interessen entgegenwächst und sich da=
mit durchwächst; aber nur im Ausgange von den special=
sten Beziehungen der Familie und Gemeine. So ist der
Unterschied nur relativ, doch relativ besteht er; und wo es
keinen Gesichtspunct absoluter Scheidung giebt, den es
glücklicherweise hier nicht giebt, hat auch der relative noch
sein Recht und seine Pflicht.

In der gemeinsamen Höhe über allen andern Dingen
hängen die Gegenstände des Glaubens im engern Sinne

eng in sich zusammen und hängt der Glaube selbst dadurch
zusammen.

Nach dem Christenglauben hat Gott mit den Engeln
und jenseitigen Seelen seinen gemeinsamen Wohnsitz im
Himmel; die Maler sogar malen ihn von Engeln über
den Wolken getragen und die Seelen nach dem Tode zu
ihm hinaufgetragen. Die Heiligen, die aus dem Dies=
seits in das Jenseits stiegen und die Engel, die von An=
beginn darin bei Gott wohnten, vermitteln die einen bei
besonderen Gelegenheiten, die andern stetig zwischen uns
und Gott; ja vielen fallen die jenseitigen Seelen theil=
weise mit Engeln selbst zusammen. Der von den Todten
auferstandene gen Himmel gefahrene Christus aber, Rich=
ter der Lebendigen und der Todten, ist zugleich Mittler
zwischen uns und Gott und selber eins mit Gott. So fest
in sich verwachsen ist Alles in dem Himmelreich; wer kann
das unentwirrbar Verschmolzene endlich noch entwirren.
Und giebt es manchen Christen, der an nichts glaubt, was
er nicht entwirren kann, so glaubt er doch, falls er über=
haupt noch etwas glaubt, daß die Handlungsweise des
Menschen, welche am meisten dem Willen Gottes gemäß
ist, auch die ist, welche ihm die günstigsten Bedingungen
im Jenseits sichert, und erwartet eine vollkommnere Er=
kenntniß der göttlichen Dinge und größere Einigung mit
Gott im Jenseits.

Die Heiden haben statt eines einigen einen höchsten

Gott, statt Engel Untergötter, statt leibloser Seelen Schat=
ten, die nach Unten, solche, die seitab zu den Inseln der
Seligen, auch einige, die, mehr als Schatten, nach Oben
fahren. Die ganze Welt ist ihnen eine Götterwelt; unter
der Erde sitzt Pluto, dahin gehen die traurigsten Schat=
ten; auf dem Olymp Zeus, dahin die glücklichsten der
Heroen und werden damit selbst zu Untergöttern. So
spielen auch hier die Götterwelt und jenseitige Welt durch
einander und fallen theilweis in einander. Wo Ibis,
Kuh als göttlich verehrt werden, läßt man auch die See=
len nach dem Tode in Thiere fahren. Und bei vielen
Heiden vermischt, verknüpft, verwechselt sich überhaupt der
Todtendienst mit dem Götterdienst in einer Weise, über
die wir freilich längst hinaus zu sein meinen.

Kurz die Glaubenswelt der höchsten und letzten Dinge
ist eine in sich zusammenhängende Welt, wie die wirkliche
Welt der niedern gemeinen Dinge, um die wir wissen,
nur eine höhere über dieser niedern Welt.

Zeitweis, hier und da, kann eins oder das andre der
drei Momente des Glaubens aus dem Bande fallen; —
auf immer und im ganzen Glauben der Menschheit kann
es nicht geschehen — dann aber nur, indem es gleich ganz
aus dem Glauben fällt oder als Rückstand des ganzen
Glaubens sich nur kümmerlich erhält; denn jedes kann
seine Kraft nur durch den Zusammenhang mit den andern
behalten, wie jedes Glied verfällt, das man vom Ganzen

trennt. Und jede Verkümmerung oder mangelnde Ent=
wickelung des einen oder andern Moments ist immer als
ein Mangel anzusehen, der über sich hinaustreibt; der
Glaube kann dabei nicht stehen bleiben, muß sich entwickeln
oder einem andern weichen.

Die Juden haben lange an Gott geglaubt, ehe sie
deutlich an ein jenseitiges Leben glaubten, obwohl ihr
Scheol eine verkümmerte Vorstellung davon war. Heut
glauben sie an Paradies und Hölle, und hoffen einst in
Abrahams Schooß zu kommen. So zähe der Judenglaube
ist, er konnte doch bei jener Verkümmerung nicht aus=
halten.

Die Buddhaisten glauben an ein jenseitig Leben, ohne
an einen persönlichen einigen Gott zu glauben, und haben
doch auch ihre Götzen, Tempel und Gebete. Der abge=
schiedene Buddha selber zählt als Götze; — wo Gott fehlt,
können Götzen nicht leicht fehlen; — daß sie aber keinen
Gott über ihren Götzen haben, wird einer der Gründe
sein, daß das Ende der Tage keinen Buddhaismus mehr
haben wird; und alle andern Gründe werden mehr oder
minder an diesem hängen. Unter uns glauben Manche
an Gott, ohne an ein Jenseits und persönliche Geister zwi=
schen uns und Gott zu glauben; aber wie todt, kalt, ab=
stract, leer, hülflos ist dieser Glaube; sie glauben so zu
sagen an Gott nur noch um Gottes willen, und würden
mit dem armen Gott nicht viel verlieren.

Kraft, Leben, Fülle, Schönheit, Erhabenheit des reli=
giösen Glaubens hängt an der in sich zusammenhängenden
lebendigen Entwickelung seiner drei Momente. Hat wohl
eine Religion oder Confession schon das Ideal in dieser
Hinsicht erreicht? Ja sieht nicht manche das Ideal viel=
mehr in der möglichsten Verkümmerung als möglichsten
Entwickelung des einen Moments?

III.

Motive und Gründe (Principien) des Glaubens im Allgemeinen.

Die Bestimmungsgründe des Glaubens, so sagten wir, überreichen die des Wissens; und nach der großen Unzulänglichkeit der Bestimmungsgründe des Wissens in Bezug auf die höchsten und letzten Dinge und dem doch so allgemein verbreiteten und mächtigen Glauben daran mußten wir außerordentlich mächtige Bestimmungsgründe zum Glauben an diese Dinge voraussetzen. Was können sie sein?

Der Offenbarungsgläubige ist leicht mit der Antwort fertig. Der Glaube an diese Dinge ist von Gott dem Menschen selbst offenbart worden. Wohl, in letzter Instanz wird ja Alles und gewiß vorzugsweise der Glaube an Gott von Gott selbst abhängen. Ja jeder wahre Glaube hängt in gewissem Sinne an einer Offenbarung Seitens des Daseins des Geglaubten. Oder wie ließe sich triftig an das Dasein auch nur eines Baumes glau-

ben, von dem Niemand je ein Blatt gesehen oder rauschen
gehört. Nicht triftiger aber könnte der Glaube an das
Dasein eines Gottes sein, der nicht mit seinem Dasein irgendwie in unsres erkennbar hineingetreten; nur daß nicht
das Dasein des ganzen Gottes auf einmal in das Dasein
des kleinen Menschen erkennbar hineintreten kann, was ja
auch der Offenbarungsgläubige nicht meint. Giebt es
also wirklich den Gott, an den wir glauben, so müssen wir
auch glauben, daß er sich irgendwie uns einmal so offenbart habe, daß wir also an ihn glauben können, und ist
der Glaube an einen wahren Gott von selbst ein Glaube
an eine wahre Offenbarung. Es fragt sich nur, auf welchem Wege geschahe die Offenbarung. Sprach Gott mit
dem Menschen wie ein Mensch? Warum nicht? anfangs
ja; es steht so in der Bibel, sagt der, der fest an's Wort
der Bibel glaubt; und weiter that er es durch seinen mit
ihm einigen Sohn und außerdem durch übernatürliche Inspiration von Propheten, Evangelisten, Aposteln, Päb-
sten, Heiligen, Concilien, Reformatoren. Doch da das
Alles selbst eben nur Sache des Glaubens, für Andre
auch vielmehr Sache des Unglaubens ist, so werden die
Motive und Gründe solchen Glaubens, sofern es solche
giebt, sich auch unter den allgemeinen Motiven und Gründen des Glaubens, die wir im Folgenden betrachten, vor-
finden müssen, und können wir nicht mit der Voraussetzung
davon beginnen.

Sein wir offen: Der Offenbarungsgläubige, der sich auf das Wort der Bibel, vielleicht auch noch von Luther oder von dem Pabste, als wie auf einen Fels stützt, von dem kein Brocken fallen darf, aus Furcht, der ganze Glaube werde fallen, wird dieser ganzen Stellung der Aufgabe von vorn herein entgegentreten müssen. Er kann nicht dulden, daß das, was er nun einmal für den festen Ausgang von allem Urtheil und für das Höchste über allem Urtheil hält, noch irgend einer Begutachtung und Frage unterzogen werde; es giebt für ihn keine Instanz dazu. Und wahrlich, er hat Recht, etwas dergleichen von der Religion zu fordern; wir werden selber schließlich diese Forderung stellen; doch wenn es für ihn schon da ist, so fragt ein Andrer ist, ob es und wo es da ist; gar Vieles giebt sich aus für Offenbarung. Der Frage Abweis ist keine Antwort darauf; wir aber können blos dem antworten wollen, welcher fragt, dem suchen helfen wollen, welcher sucht.

Des Näheren kann man die Bestimmungsgründe zum Glauben in Motive, welche zum Glauben treiben, und Gründe, welche dazu berechtigen, unterscheiden. Den Ausspruch eines Grundes nennen wir ein Argument. Motive und Gründe zusammen oder das Gemeinsame der Motive und Gründe, wie ich schon sagte, Principien des Glaubens.

Hat nun wohl, so kann man gleich anfangs fragen,

der Glaube überhaupt etwas Andres als Motive oder mehr von Gründen, als was in ihn von Wissen eingeht, und was doch niemals zur Gewißheit reicht?

In Wahrheit, er hat keine Gründe, die etwas Andres als die Vollendung der Motive sind, und damit keine, die zum Beweise, nur solche, die zur Ueberzeugung reichen, sonst wäre er ja Wissen und nicht Glauben. Wodurch also immer der Glaube begründet und gestützt werden möge, Zweifel von Wissensseite her dagegen bleiben möglich; der Zweifel kann thöricht sein, doch immer bleibt er möglich, ohne mit Logik und Erfahrung in Widerspruch zu kommen; das liegt schon im Begriffe. Nach Allem, was für das Dasein Gottes, nach Allem, was für die Allgemeingültigkeit der Naturgesetze spricht, zweifelt doch der materialistische Naturforscher an dem Dasein Gottes, der orthodoxe Theolog an der Allgemeingültigkeit der Naturgesetze, ja er zweifelt nicht blos, er leugnet. Der eine Zweifel mag so thöricht sein als der andre, doch bleibt gleich möglich; der Irrthum des einen läßt sich so wenig als der des andern beweisen. Nur die Thorheit desselben läßt sich dadurch beweisen, daß ihm im höchsten Grade das zukommt, was sonst allwärts als Thorheit gilt.

Ein Thor der, der abseits von den Menschen Gesellschaft auf Wegen sucht, auf denen er nur gleicher ausnahmsweiser Thorheit zu begegnen hoffen darf; man läßt den Thoren laufen. Ein Thor der, der das Schädliche

dem Nützlichen vorzieht und es sogar für nützlicher als
das Nützlichste erklärt; man bedauert den Thoren. Ein
Thor der, der im Unwahrscheinlichsten den Grund der Ge=
wißheit sucht; man zweifelt an seinem Verstande.

Nur eben bei Glaubenssachen freilich legen Manche
einen andern, ja den entgegengesetzten, Maßstab an. Der
hält alle Menschen, die vor ihm geglaubt haben und um
ihn glauben, was er selbst nicht glaubt, für Thoren; der
alle, die nicht mit ihm den schädlichen Unglauben dem
nützlichsten Glauben vorziehen: und der sagt: credo, quia
absurdum est.

Für alle diese giebt's kein Argument. Denn alle Ar=
gumentation für den Glauben wird sich nur darauf stützen
können, das, was in den kleinsten und gemeinsten Din=
gen als Thorheit und als Weisheit gilt, auch in den
höchsten und letzten Dingen als solche geltend zu machen,
und in diesem Sinne die Motive des Glaubens selbst zu
Gründen zu erheben.

In der That aber wird eine Hauptaufgabe des Fol=
genden sein, zu zeigen, wie die Gründe, welche zum Glau=
ben berechtigen, nur die höchste Verallgemeinerung, Zu=
sammenfassung, Gipfelung, Klärung, Zurechtstellung der
Motive, welche zum Glauben treiben, kurz, was ich die
Vollendung der Motive nenne, sind; also, daß der
Mensch um eben dessentwillen, ja um alles dessentwillen
glauben darf und soll, um dessentwillen er wirklich

glaubt; — und wie schön und gut ist's, daß es also ist.
Zu zeigen aber auch, daß hierin zugleich eine maßgebende
Beschränkung, Berichtigung, Reinigung derselben durch
einander von selbst eingeschlossen liegt. Was halb und
einzeln unzulänglich und selbst untriftig ist, und die meisten Motive sind es, kann ganz und voll und in der größten Allgemeinheit gefaßt die volle Triftigkeit gewähren,
und statt das Halbe, was den Menschen hier und da zum
Glauben treibt, um seiner Untriftigkeit willen zu verwerfen, hat man es vielmehr zur vollen Triftigkeit nur zu
ergänzen und zu erfüllen. Was als Moment, als Seite,
als Theil, als Stufe des Ganzen oder zum Ganzen seine
Wahrheit und Rechtfertigung hat, kann zum Ganzen, zum
Gipfel erhoben, falsch und untriftig werden; statt es um
seiner Untriftigkeit willen zu verwerfen, hat man es zu
dem Grade, auf dem es triftig wird, nur herabzusetzen und
zu beschränken. Diese Beschränkung und hiemit Berichtigung aber leisten sich die verschiedenen Motive selbst.

Der Neger glaubt, daß ein Fels, ein Baum, eine
Schlange oder sonst etwas dergleichen ein Gott ist. Warum? Die Priester und die Aeltern sagten's so; er braucht
den Glauben an Etwas, was Kräfte über die menschlichen
hinaus hat, um, wo Menschenkräfte nicht mehr reichen,
noch durch Zauber, Opfer oder Gebet von ihm Hülfe
zu erwarten; und da er überhaupt die Kräfte der Natur
nicht kennt, doch so viel davon kennt, daß sie die seinen

überreichen, warum sollte die Schlange, der Fels, der
Baum nicht so gut als irgend ein andrer Gegenstand derselben das Wesen sein, an das er den Glauben braucht,
nachdem irgend eine, vielleicht ganz zufällige, Association
die Vorstellung solcher Macht daran knüpfte. Je roher
der Mensch, so leichter und so roher verallgemeinert er.
Da haben wir Motive des Glaubens, die hier und da
wechseln, sich so und so gestalten können. Daß aber durch
alle Völker, die sich über die Stufe der Thierheit erhoben
haben, der Glaube an ein göttlich Wesen über den Völkern geht, daß allenthalben in allen höchsten und letzten
Angelegenheiten dieser Glaube gebraucht wird und ohne
ihn die menschliche Gesellschaft verfällt, daß die letzte Einsicht in die gesammte Natur der geistigen und körperlichen
Dinge ihren Abschluß nur in einem solchen Glauben finden kann, sind Gründe des Glaubens, die nicht eben so
wechseln, nicht der Sache nach sich auch anders gestalten
können, und vorzugsweise verstehen wir folgends unter
Gründen solche Gründe.

Der Fels ist kein Gott, der Baum ist kein Gott, die
Schlange ist kein Gott, das Meer ist kein Gott, die Luft
mit Donner und Blitz ist kein Gott, die Erde, die Sonne,
der Mond sind nicht Gott, woran der Neger, der Aegyp-
ter, der Grieche, der Heide überhaupt glaubt. Aber ist all
dieser Glaube ein reiner Irrthum? Nimm Alles zusam-
sammen, so hast du die Welt. Ist sie Gott? aber meint

denn der Heide, daß von all' jenem die Materie Gott sei?
er meint nur, daß sie Träger einer dahinter verborgenen
geistigen Macht, ähnlich der seinen, nur über seine hinaus-
reichend, sei. Und ist es denn ein Irrthum, daß die ganze
Welt der Träger einer dahinter verborgenen göttlich geistigen Macht ist?

Der Irrthum alles jenes Einzelglaubens ist also nur
der, daß im Einzelnen gesucht, in's Einzelne verlegt wird,
was voll nur in dem Ganzen ruht. Ergänze den Glauben aller Heiden durch einander und verknüpfe ihn dadurch, daß du die göttlich geistige Macht, die er an das
Einzelne knüpft, an das Ganze knüpfest, so hast du den
rechten Glauben. Setze andrerseits die Macht des Einzelnen, die er zu der des Ganzen ausdehnt, auf's rechte
Maß herab, so hast du wieder den rechten Glauben. Jeder
Naturgegenstand hat doch einen Theil der Kraft, womit
der in allen Dingen waltende Gott über alles Menschliche
hinausreicht, nur hat er nicht die ganze, letzte, höchste.

Auch ist der zerstückelnde Glaube der Heiden ja nicht
der einzige Glaube; von andrer Seite giebt es einen
Glauben an Gott als einen einheitlichen Geist, der hoch
erhoben über die Welt der Materie ist, sie zu seinem Sche-
mel, seiner Ausgeburt, seinem Abfall hat. Wenn im Hei-
denglauben die rechte Einheit des göttlichen Wesens fehlt,
so fehlt in diesem die lebendige Beziehung zur Natur; doch
einer kann sich durch den andern ergänzen und berichtigen

in dem, was jedem fehlt und worin jeder fehlt; und so
wird der Glaube an einen in der Natur allgegenwärtigen
und allwaltenden Gott als rechter Glaube entstehen, den
alle Christen auch dem Worte nach bekennen, ohne freilich
rechten Ernst mit dem Worte zu machen.

Wenn schon wir den letzten Entstehungsgrund des
Glaubens, vorausgesetzt es ist ein wahrer, auf das Dasein des Geglaubten zurückführen können, so spaltet sich
doch dieser einheitliche Grund in seinen Wirkungen sofort
in mehrerlei Bestimmungsgründe oder Motive. Man
kann versuchen, die Abhängigkeit dieser Motive des Glaubens an die höchsten und letzten Dinge von dem Dasein
dieser Dinge zu verfolgen, muß aber dann das Dasein
und die Daseinsweise dieser Dinge schon als gegeben
voraussetzen, welche Voraussetzung sich doch erst durch die
Erhebung der Motive zu wahren Gründen zu rechtferti-
gen hat. Anstatt also mit dem Dasein der höchsten und
letzten Dinge als einem gegebenen zu beginnen und die
Motive und Gründe des Glaubens daraus abzuleiten, haben wir vielmehr erst mit den Motiven des Glaubens als
gegebenen anzufangen, hienach die Gründe des Glaubens
uns zu geben, wonach uns noch frei steht, wenn sich triftige Gründe für den Glauben an die Existenz und eine
gewisse Existenzweise der höchsten und letzten Dinge finden
lassen, rückwärts zu überlegen, wie hieraus die Motive
und Gründe in uns hervorgehn konnten.

Allgemein gesprochen und wie ich schon sagte, sind die Motive und Gründe zum Glauben an diese Dinge, d. i. die höchsten und letzten geistigen Existenzen, keine andern, als an irgendwelche geistige Existenzen, ja Dinge überhaupt; nur über alle andern gesteigert, gegipfelt. Und warum sollten wir schließlich das Dasein höherer und eines höchsten Geistes für minder gewiß halten, als das Dasein unsrer Nachbargeister, wenn wir entsprechende Motive und Gründe, nur gesteigert, gegipfelt dazu finden. Sofern sie es sind, können sie freilich nicht so auf der Hand und Oberfläche liegen, als für jene, vielmehr wird es gelten, den Blick höher zu richten und mehr in der Höhe zu halten, als wenn es den Glauben an die Nachbargeister gilt, ohne doch das Gebiet der Motive und Gründe, die dieser Glaube hat, irgendwie zu verlassen. Auch giebt es keine Hindernisse, welche dem Glauben an die höhern Geister und den höchsten Geist mehr im Wege ständen, als dem Glauben an die Nachbargeister, wenn es nicht eben jene größere Höhe der Motive und Gründe ist.

Gott sieht niemand; warum also an ihn glauben? Aber siehst du die Seele deines Bruders? doch glaubst du daran; also kann jedenfalls darin, daß du einen Gott zur Welt nicht siehst, kein Grund liegen, weniger an ihn zu glauben, als an die Seele deines Bruders. Von dieser verlangst du es nicht einmal, sie zu sehen; von Gott schei-

nen es Manche zu verlangen, um an ihn zu glauben, und
weil er des Verlangens spottet, spotten sie Gottes. Ein
Wurm sieht ganz anders aus und bewegt sich ganz anders
als du; doch glaubst du an eine Seele zum Wurme.
Also kann auch darin, daß die Welt ganz anders aussieht
als du und dein kleines Leben nicht im Großen nachthut,
kein Grund liegen, weniger an einen Gott zur Welt als
an eine Seele zum Wurme zu glauben. Der Wurm aber hat
einen erbärmlichern Leib als du und bewegt sich erbärm-
licher als du; also glaubst du auch an eine erbärmlichere
Seele zum Wurme als du hast. Die Welt ist ein unsäglich größerer und mächtigerer Leib als deiner, schließt deinen Leib, dein Leben, ja die Geschichte und Geschicke aller
Völker selbst mit ein, und du bist blos ein erbärmliches
Theilchen davon. Könntest du nicht danach eben so gut
an einen größeren erhabenern Geist zur Welt, als an eine
erbärmlichere Seele zum Wurme glauben?

Nun aber würde ich weder an die Seele meiner Ne-
benmenschen noch des Wurmes glauben, wenn ich nicht
auch positive Bestimmungsgründe dazu hätte. Jetzt sehen
wir rein in der Erfahrung nach, was uns überhaupt an
Menschenseelen glauben läßt, um weiter nachzusehen, wiefern wir das Entsprechende und Höhere beim höheren
Glauben wiederfinden.

Wir glauben daran: 1) weil uns der Glaube daran
von Kindheit an eingepflanzt ist. Hindus und andre rohe

Völker glauben auch an Pflanzenseelen, weil ihnen der Glaube daran von Kindheit an eingepflanzt ist, wir nicht, weil uns das Gegentheil eingepflanzt ist.

2) Weil wir den Glauben an andre Menschenseelen brauchen, Befriedigung darin finden, ja ohne denselben praktisch nicht auskommen könnten. Bei Thierseelen und Pflanzenseelen macht sich dieß Motiv wie die übrigen weniger geltend; daher ist auch der Glaube daran weniger allgemein. Selbst Thierseelen werden ja hier und da geleugnet.

3) Weil die Analogie, Erfahrungsschlüsse überhaupt, Vernunft auf Grund der Erfahrung uns zu unserm Geiste entsprechende Geister in andern Körpern annehmen läßt. Verlangen wir auch keine volle Aehnlichkeit andrer Körper mit unserm Körper, um Seele darin anzunehmen, so verlangen wir doch eine gewisse nach Puncten, von denen wir voraussetzen, daß sie charakteristisch für das Seelendasein sind, wobei sich freilich noch fragen und streiten kann und wirklich streitet, welche es sind.

Andre Motive zum Glauben an die Nachbarseelen lassen sich nicht finden; eben diese und keine andern Bestimmungsgründe, welche uns zum Glauben an unsre Nachbarseelen bald mehr von dieser, bald von jener Seite her veranlassen, sind es aber auch, die uns dazu berechtigen, sofern sie recht gefaßt werden, nur daß sich streiten kann, welches ihre vollendete Fassung sei und die unrecht

gefaßten mit den recht gefaßten und mit einander in Con=
flict kommen können und wirklich kommen. Die rechte
Fassung wird endlich die sein, die den Conflict beseitigt.
Rein aprioristische Gründe für jenen Glauben, die nicht
mindestens im Rückhalt auf den obigen fußten, und Gründe
überhaupt, die aus den obigen herausträten, giebt es nicht.

Was aber in dieser Beziehung für den Glauben an
unsre Nachbarseelen gilt, gilt nun ganz eben so für den
Glauben an die höchsten und letzten Geister und überhaupt
den Glauben an Dinge jeder Art. Fassen wir hienach die
Sache allgemeiner.

IV.

Historisches, praktisches und theoretisches Princip des Glaubens im Allgemeinen.

Welchen Namen auch die Motive des Glaubens tragen mögen und was es auch zu glauben gelten mag, sie führen sich zuletzt auf drei zurück, die ich der Kürze halber als historisches, praktisches und theoretisches unterscheide, und vorerst nur obenhin, um nachher das Genauere anzuknüpfen, kurz also formulire.

Historisches Motiv. Man glaubt, was uns gesagt wird, was vor uns geglaubt worden ist und um uns geglaubt wird.

Praktisches Motiv. Man glaubt, was uns zu glauben gefällt, dient, frommt.

Theoretisches Motiv. Man glaubt, wozu man in Erfahrung und Vernunft Bestimmungsgründe findet.

Keins dieser Motive ist ungezwungen auf das andre zurückführbar. Das historische erscheint zwar aus gewis-

sem Gesichtspuncte als kein ursprüngliches; denn damit
ein Andrer mir den Glauben mittheile, muß er selbst schon
Bestimmungsgründe zum Glauben und zur Mittheilung
des Glaubens haben, nach welchem zu fragen sein wird;
und wenn diese abermals in einer von andersher empfan-
genen Mittheilung liegen können, verlegt dieß die Frage
nur weiter zurück, und es scheinen dann nur das theoretische und praktische Motiv als letzte Anlässe des Glaubens
und der Mittheilung des Glaubens übrig zu bleiben. Aber
im Sinne eines specifischen Offenbarungsglaubens ist die
erste Mittheilung von Gott selbst an die Menschheit direct
oder durch übernatürliche Inspiration geschehen, wonach
vielmehr das historische Motiv das allerursprünglichste sein
würde; und lassen wir die ganze dunkle Frage nach der
ersten Entstehung des Glaubens in der Menschheit bei
Seite und fragen, wie noch heute der Glaube zuerst an jeden
Menschen kommt, so ist doch gewiß und wird weiterhin
seine Ausführung finden, daß das Kind, welchem der
Glaube von Aeltern und Lehrern mitgetheilt wird, ihn
nicht auf Grund des theoretischen und praktischen Motives
annimmt, sondern einfach annimmt, weil er ihm gegeben
wird, so daß jedenfalls heutzutage für jeden Menschen
insbesondre das historische Motiv das ursprünglichste ist.

Anstatt einer einseitigen Abhängigkeit eines von den
andern Motiven ist vielmehr bis zu gewissen Gränzen
eine Wechselabhängigkeit aller von einander anzuerkennen.

Die ganze Gestaltung des Glaubens, die sich durch eine
lange Wirkung des theoretischen und praktischen Motivs,
mit Ausgang möglicherweise von einer directen Offenba=
rung, entwickelt hat, trägt sich historisch mit einem Male auf
die in die Menschheit neu Eintretenden über. Sollte der
Glaube in jedem von Neuem durch bloße Vermittelung des
theoretischen und praktischen Motivs erzeugt werden, wie
schwach, arm und zwiespältig würde er sein, ja in wie we=
nigen würde er überhaupt zu Stande kommen. Das ganze
Glaubenskapital der Menschheit erbt im Ganzen und nach
großen Particeen zusammengehalten in der Menschheit hi=
storisch fort. Von andrer Seite aber, wenn nicht das theo=
retische und praktische Motiv den Glauben festzuhalten,
fortzupflanzen und selbst zu entwickeln nöthigte, so würde
das historische seine Wirkung versagen, das Kapital, wo=
her es immer ursprünglich stamme, sich verzehren, schwin=
den. Es ist wie mit dem Blute; der Umtrieb dessen, was
schon da ist, giebt Kraft und Leben und Stärke, nicht die
Nahrung; doch kann das Blut nicht Kraft und Leben und
Stärke seines Umtriebs aus sich selber ziehen; es bedarf
der Nahrung.

Also vermöchte das historische Motiv so wenig ohne
das theoretische und praktische wie umgekehrt zu leisten
und keins hat factisch die Entwickelung und Gestaltung
des Glaubens allein auf sich genommen. Aber dieses
Mit = und Durcheinanderwirken der Motive hindert doch

nicht, die Wirkungsweise eines jeden auch bis zu gewissen
Gränzen selbständig zu verfolgen; ja um zu wissen, was
sie mit und durch einander wirken, muß man wissen, was
jedes nach seiner Seite wirkt. Zumal die Einstimmung,
welche die drei Motive im Allgemeinen und Ganzen be=
weisen, den Glauben überhaupt hervorzurufen und zu er=
halten, im Einzelnen und in Bezug auf das Einzelne des
Glaubens nicht besteht. Vielmehr sehen wir im Einzelnen
hier dieß, dort jenes Motiv vorwaltend oder selbst aus=
schließlich, ja feindlich gegen die andern, auftreten, und
den Conflict der Motive so häufig wie ihr Vertragen.
Beim Katholicismus und orthodoxen Protestantismus ist
das historische Princip das überwiegende, beim Neukatho=
licismus und den philosophischen Religionslehren das
theoretische, in der Lehre des Confucius und den Staats=
religionen als solchen das praktische. Was das historische
Motiv uns glauben lassen möchte, will oft dem praktischen
und theoretischen nicht genügen, indem es uns weder zu
unserm Heile dienlich, noch in der Natur der Dinge be=
gründet erscheint. Von andrer Seite nichts häufiger, als
der Bund des historischen und praktischen Motivs gegen
das theoretische Motiv und daher nichts häufiger als der
Streit des Glaubens mit dem Wissen; und wieder nichts
häufiger, als daß eins der dreie die beiden andern unter
sein Joch beugen will. So fordert das historische in ein=
seitiger Ueberhebung das einmal Festgewordene und wäre

es das Heillojeste als nöthig zum Heil und will die ganze Wissenschaft am Seile führen; das praktische bestimmt und überwacht nach seinen Zwecken die Lehrer und die Lehre, hiemit die Richtung der historischen Fortpflanzung des Glaubens und die Einflüsse der Wissenschaft darauf; und das theoretische deutet und deutelt die historischen Glaubensquellen in seinem Sinn und opfert der Wahrheit die Güte.

Nicht blos mit einander können die drei Motive streiten, auch jedes mit sich selbst; und wie der Streit der Secten oft härter ist als der der Religionen, denen sie sich unterordnen, ist es mit dem Streite der Motive.

So streitet das historische Motiv mit sich im Glauben an den Koran und die Bibel, dort nochmals im Glauben der Schiiten und Sunniten, hier im Glauben an den Pabst, an Luther und Calvin; das praktische in der Gestaltung des Glaubens Seitens der Priester und Regenten zum eigenen Vortheil und zu aller Heil und der Bevorzugung hier dieser dort jener Seite des Vortheils; das theoretische in den philosophischen Glaubenslehren, so viel es ihrer giebt.

Das gesammte Glaubensresultat der Menschheit ist das Resultat des Mit- und Gegeneinanderwirkens der drei Motive unter einander und in sich. Es ist und bleibt im Ganzen ein positives gewaltiges Resultat; ja das Gegeneinanderwirken der Motive selbst trägt bei, es gewal-

tiger zu machen. Es ist der Fall des ewig wechselnden
und schwankenden, sich durch sein Verdampfen selbst wie=
der füllenden, durch den Kampf seiner Wogen nur um so
mächtigeren, Meeres. Was auch im Einzelnen in ihm
wechselt und wankt, es bleibt im Ganzen ein ewiges Meer,
aus dem alle Flüsse heimlich schöpfen, um das Geschöpfte
am Ziele des Laufes wieder darein zu ergießen. Und selbst,
was darin wider einander läuft, hängt doch im Grunde
und im Ganzen zusammen.

Hier und da tritt ein Materialist auf und sagt: es
giebt keinen Gott. Das heißt, er tritt mit dem kleinen
Eimer seines Schlusses hinzu, das Meer auszuschöpfen
und wegzuschütten. Es hat bestanden von Anbeginn und
wird ewig bestehen; die kleinen Eimer mögen sich müde
schöpfen; was sie ausschütten, läuft durch die Luft zurück
zum Meer.

Sache einer Geschichte und Ethnographie des religiö=
sen Glaubens muß es sein, das Walten der drei Motive
dieses Glaubens durch die Jahrtausende und unter den
Völkern zu verfolgen, und die Gründe seiner besondern
Gestaltung in dem Einflusse der historischen Präcedentien,
wechselseitigen Zusammenhänge, Naturverhältnisse, Anla=
gen und Bedürfnisse der Völker auf diese Motive aufzu=
suchen und unter allgemeineren Gesichtspuncten zu be=
trachten, eine Sache von hohem Interesse, die aber hier
nicht die Aufgabe ist. Ehe man die Ursachen, welche den

Glauben in der Menschheit hervorgetrieben haben, in großen Zügen verfolgen kann, gilt es, ihre eigene Natur und
ihr Verhältniß zu einander mit Klarheit festzustellen, und
dieß ist zunächst die Aufgabe. Hiezu aber sind sie vor Allem da ins Auge zu fassen, wo sie der Beobachtung unmittelbar klar und zweifelsfrei vorliegen, das ist, wie sie
im Bewußtsein der Menschen wirken, nicht wie sie etwa
in einem Bewußtsein Gottes oder allgemeinen Weltordnung oder Idee der Geschichte und Dinge wurzeln, worin
wir doch zuletzt ihre Wurzel oder den Grund ihres allgemeinen Zuges suchen mögen.

Denn es ist ja damit, daß wir mit der Betrachtung der
Motive des Glaubens bis zur Einzelwirkung derselben in
den Menschen herabsteigen, nicht gesagt, daß der Glaube
in der Menschheit auch durch eine atomistische Summirung
der Motive in den einzelnen Menschen entstanden sei;
sondern nur gesagt, daß die allgemeinen, höher hinauf
reichenden, Gründe, die den Glauben in der Menschheit
hervorgetrieben, welches sie immer sein mögen, sich in
jedem unter dem Einfluß derselben stehenden Menschen als
diese Motive geltend gemacht haben; nur diese aber treten
unmittelbar in die Erfahrung; nur von diesen können wir
selbst auf die Natur der allgemeineren Gründe zurück-
schließen und sie, die sonst dunkel bleibenden, dadurch als
durch ihre Wirkungen charakterisiren. Hierauf ist also
zunächst das Auge zu richten, um nicht mit mystischen und

müßigen Speculationen zu beginnen, welche das erst aus
den Motiven und Gründen zu Folgernde schon voraus=
setzen; wonach es nicht nur frei steht, sondern sich von
selbst das Bedürfniß herausstellt, vom Wirken der Motive
in den Menschen zum allgemeiner Wirkenden in der Mensch=
heit aufzusteigen, was wir schließlich nur in einem Dasein
der geglaubten höchsten und letzten Dinge selbst finden
werden.

Also wird mit unsrer erfahrungsmäßigen Betrachtung
der Natur und des Wirkens der Motive in ihrer Einzel=
heit, ihren Combinationen und Conflicten, eine zusammen=
hängende Geschichte und höhere Auffassung ihres Wirkens
in der Menschheit nicht ausgeschlossen, noch ersetzt; aber
vorbereitet und unterbaut; und der Abschluß in einer hö=
hern Auffassung wird sich in dem Gange der folgenden
Betrachtungen ganz von selbst ergeben.

Jedes der drei Motive läßt sich zu einem wahren, in
einem Argumente aussprechbaren, Grunde erheben, und
damit über das Schwanken, die Spaltung, den Conflict,
die Irrung und Verwirrung emporheben, wenn schon es
nichts Andres bleibt, als was wir sagten, die höchste Ver=
allgemeinerung, Zusammenfassung, Spitze, Klärung, Zu=
rechtstellung, kurz Vollendung von einer Seite und maß=
gebende Beschränkung von andrer Seite eines entsprechen=
den Motives. Jedes der drei Argumente reicht für sich
hin, den Glauben zu begründen und zu halten, doch nur

insofern, als jedes zum Hauptgesichtspuncte erhoben wer=
den und sich die andern dienstbar machen kann; insofern
es aber doch der andern bedarf, und eben so wieder in den
Dienst der andern treten kann, erhält der Glaube schließ=
lich doch den vollen Halt nur durch die Einstimmigkeit der
drei; man soll ihn also auch nur dadurch voll begründet
halten.   .

Es läßt sich zeigen, daß man Recht hat, auf dem, was
in der Geschichte durchschlägt, zu fußen, und selbst Andeu=
tung von dem, was künftig durchschlagen wird, in dem
bisherigen Gange dazu zu suchen; aber nur indem man
zeigt, daß eben blos das, was der Vernunft und der Na=
tur der Dinge und den Bedürfnissen des Menschen ent=
spricht, schließlich durchschlagen und Halt gewinnen kann,
und selbst eine fortwährende Tendenz dazu besteht. Es
läßt sich zeigen, daß man Recht hat, das Beßte für das
Wahrste zu halten; aber um zur Erkenntniß zu gelangen,
was das Beßte für Alle und für alle Zeit sei, bedarf es
des Fußens auf der geschichtlich entwickelten Erkenntniß
davon und der fortgehenden vernünftigen Einsicht in die
Natur der Menschen und Dinge. Es läßt sich zeigen, daß
man Recht hat, in Betrachtung der höchsten und letzten
Dinge nicht nur so gut, sondern vor Allem und über Alles
das Vernünftigste und Angemessenste zur erfahrbaren Na=
tur der Dinge zu verlangen, als in den kleinsten und ge=
meinsten; aber wie beschränkt ist des Einzelnen Vernunft

und seine erfahrungsmäßige Erkenntniß von der Natur der Dinge; also wird es wieder gelten, sich auf das historisch Geltende zu stützen, und darauf mit zu stützen, daß, wie die richtigste Erkenntniß von dem, was ist, uns auch am beßten in unsern Beziehungen dazu dient, umgekehrt das, was uns am beßten dient, das Richtigste ist.

Aller Streit zwischen dem historischen, praktischen und theoretischen Motive und innerhalb eines jeden derselben hebt und löst sich also endlich in dem historischen, praktischen und theoretischen Grunde, und der Streit trägt in sich selbst auch die Bedingungen dieser Lösung.

Umsonst versucht man, den Glauben auf den Gesichtspunct eines der drei Gründe allein zu stützen. Der Offenbarungsgläubige, der sich allein auf directe Offenbarung von Gott stützen will, muß doch die Gültigkeit der Offenbarung für sich und Andre durch den praktischen Gesichtspunct begründen, daß solcher Glaube vor allem, der sich sonst offenbart oder vernünftig nennt, der beßte sei. Der, welcher nach der beßten Religion für Alle trachtet, meint er, daß er die Religion der Liebe, die das Beßte Aller durch Alle will, selbst erfunden hätte, wenn er sie nicht durch Christus gefunden hätte? Also bedarf er doch der historischen Stütze. Oder sehe er sich um unter den Jahrtausenden vor Christus und den Heidenvölkern ringsum, ob es so einfach war, diese Religion zu erfinden. Vielmehr nur, daß er selbst in ihr erzogen ward, konnte ihn

den höchsten praktischen Gesichtspunct derselben finden und
stellen lassen. Und wer allein auf Vernunft und Erfahrung bauen will, sehe er sich um unter den freien Gemeinden und Materialisten, die eben dieß Princip, aber n u r
dieß Princip haben, wie viel er da noch vom Glauben an
Gott und ewiges Leben findet.

Statt einen der drei Werksteine zu verwerfen, haben
wir sie zum Gewölbe zu legen; doch dazu müssen wir die
Steine einzeln heben.

V.

Das historische Princip.

———

Ein Mensch sagt es dem andern. Das ist der kurze Ausdruck des historischen Princips. Mündlich, schriftlich, es gilt gleich. Auf diese Weise pflanzt sich der Glaube von dem Menschen zu dem Menschen fort. Aber wie kam er zuerst an die Menschheit?

Vom Ersten kann man überall nur ausgehen, wenn man es kennt; muß aber mit dem Späteren anfangen, wenn man es nicht kennt, und zusehen, ob man darin Schlußmittel auf das Erste findet. Die Schlußmittel auf die erste Entstehung des Glaubens aber werden stets so unsicher bleiben, als auf die erste Entstehung, den ersten Zustand, die erste Entwickelung des Menschen selbst, und die Entscheidung zwischen den ganz entgegengesetzten Hypothesen, die darüber bestehen, wird immer wieder nur Sache eines Glaubens bleiben, dessen Gründe im Allgemeinen wir aber hier nicht glauben, sondern wissen wollen. Verschieben wir also mindestens jene Frage, um später mit

Einigem darauf zurückzukommen; und, anstatt zuerst zu fragen, wie der Glaube zuerst an die Menschheit kam, fragen wir zunächst nur, wie er heutzutage zuerst an jeden Menschen kommt.

Es ist mit der Entstehung des Glaubens wie mit allen Dingen. In allen Dingen ist die Weise der ersten Entstehung von der Weise unterschieden und wesentlich zu unterscheiden, wie die Entstehung des Dinges sich wiederholt. Das einmal Entstandene erspart so zu sagen die Mittel und Kosten seiner ersten Entstehung bei der neuen Entstehung, wo nicht ganz, doch zum größten und wesentlichsten Theile, indem es in seinem Dasein die Bedingungen der Wiederholung seines Daseins so zu sagen mit aufgehoben enthält.

Was gehörte nicht dazu, eine Statue, ein Gemälde, ein Gedicht ein Erstesmal zu schaffen. Ist das Werk einmal da, wird es mühelos tausendmal abgegossen, copirt, recitirt und abgedruckt.

Erst nach Tausenden, ja wohl Millionen, Milliarden von Jahren, daß die Erde besteht, konnte ein Menschenpaar entstehen. War erst eins da, so war es leicht, die Erde zu bevölkern, und bald wird es schwer sein, ihrer Uebervölkerung zu wehren.

Wie die Sprachen entstanden sind, weiß Niemand, und Niemand vermöchte sie auf's Neue zu erfinden; nun sie erfunden sind, lernt jedes Kind sie spielend.

Was kostet es oft für Noth, das Feuer im Ofen an=
zuzünden. Wenn es einmal brennt, nehme man sich in
Acht, daß nicht das Haus brennt.

Eine Seuche zu erzeugen, übersteigt im Allgemeinen
die menschliche Kunst, eine Seuche zu dämpfen nicht
minder.

Bei dem Allen kann man nach dem ersten Grunde des
Daseins fragen, und man wird ihn meist nicht finden; der
Grund des spätern Daseins ist leicht zu finden; er liegt
einfach in dem, was schon da ist.

Es ist mit allen Dingen so; es ist auch mit dem Glau=
ben so.

Wie der Glaube zuerst entstanden ist, weiß Niemand,
kann man sich schon dieß und jenes darüber denken. Man
kann auch fragen, ob es möglich sein würde, ihn auf's
Neue zu finden oder zu erfinden. Nun er einmal entstan=
den ist, wahr oder falsch, pflanzt er sich fort, wie der
Mensch sich fortpflanzt, wie die Sprache sich fortpflanzt,
wie das Feuer sich fortpflanzt, wie die Ansteckung sich fort=
pflanzt. Und fragt sich der Mensch, warum er glaubt, so
ist eine, zwar nicht das Letzte und Ganze, aber das Nächste
und einen wichtigen Theil des Ganzen treffende, Antwort
die: weil vor mir geglaubt ward und um mich geglaubt
wird.

In der That würde man stark irren, wenn man meinte,
daß der Mensch blos nach Schlüssen oder aus Bedürfniß

4*

glaubte. Vielmehr fängt jeder Mensch schon an zu glauben, ehe sich nur Vernunft und Bedürfniß geltend machen
können, und der Glaube besteht wohl bei der Mehrzahl
der Menschen unabhängig davon nur durch Beharrung
fort. Auch ist dieß nichts dem Glauben an die höchsten
und letzten Dinge Eigenthümliches; er bildet nur eben
keine Ausnahme von dem, was allgemein gilt.

Niemand wird mit dem Glauben an Gott geboren,
aber jeder mit einer so allgemeinen und unbedingten Anlage, Alles zu glauben, was man ihm sagt, geboren, daß
es ganz natürlich ist, daß er auch an Gott glaubt, wenn
man ihm von einem solchen sagt; daher denn jedes Volk,
weil mehr oder weniger einstimmigen Erziehungseinflüssen
unterliegend, auch einen mehr oder weniger übereinstim-
menden, von dem andrer anders erzogener Völker verschiedenen, Glauben hat.

In der That kann man dem Kinde, und zwar jedem
Kinde, geradezu alles Beliebige weiß machen. Sage dem
Kinde: der Mond wird gleich vom Himmel fallen, und es
wird nach dem Himmel blicken und erwarten, daß er fällt.
Sage ihm: dieser Hund wird gleich zu reden anfangen;
es wird hinhorchen, und sich nur wundern, daß er nicht
anfängt.

Ist nicht also vielleicht auch der Menschheit in ihrem
Kindesalter der Glaube an Gott weiß gemacht worden,

und erhält sich nur darum fort, weil er auf's Neue jedem
Kinde weiß gemacht wird, und der Mensch nicht eben so
Gelegenheit hat, sich vom Nichtdasein Gottes über den
Wolken zu überzeugen, als daß der Mond nicht fällt und
der Hund nicht redet. Zumal, wenn man ihm dazu weiß
macht, der Donner sei Gottes Stimme aus den Wolken,
und dieß und das, um den Glauben durch den Glauben
zu stützen? Das Kind wird um so lieber glauben, je mehr
man ihm zu glauben zumuthet.

Zu allem Glauben, welcher dem Kinde eingepflanzt
wird, verlangt das Kind keine Gründe; ja es würde
Gründe nicht verstehen. Auch ist es nicht die Schönheit,
die Erhabenheit, die Heilsamkeit, die Tröstlichkeit des
Glaubens, wodurch es zu glauben bestimmt wird. Es
glaubt ja um so fester an Gespenster, je mehr man es da=
vor zu fürchten macht. Die Sache mag einfach psycholo=
gisch die sein: es lernt das Wort, die Rede nur durch
Anknüpfung an Thatsachen verstehen; nun knüpft es
umgekehrt die Thatsache an das Wort, die Rede. Oder
auch: das Kind macht dem Erwachsenen Alles so lange
nach, bis es sich durch das Nachmachen die Fähigkeiten
und Fertigkeiten erworben hat, darüber hinauszugehen,
und Vieles macht sich so zu sagen von selber in ihm nach.
Also macht sich auch der Glaube der Erwachsenen im Kinde
nach. Ich lasse es aber gern zu, daß jemand den psycho=
logischen Grund der Thatsache noch tiefer fasse. Hier gilt

es nur die Thatsache als Grund, welches auch der Grund der Thatsache sei.

Anstatt den Glauben erst lernen zu müssen, muß das Kind den Glauben verlernen; und das geschieht allmälig, wenn der Mensch wiederholt erfährt, das Wort kann lügen. Dann löst sich die Selbstverständlichkeit der Association des Wirklichen an das Wort auf, schwächt sich allmälig die Gläubigkeit, und kann zuletzt gar in das Gegentheil umschlagen. Aber je mehr der Mensch auf der Kindesstufe stehen bleibt, und ein Theil des Volkes bleibt immer nahe darauf stehen, desto mehr besteht der kritiklose Glaube fort. Die Frauen namentlich bleiben in Glaubenssachen immer Kinder, und der Glaube der Volksmassen läßt sich von jedem Propheten mit hinreichend starker Stimme, lebhafter Geberde und Kraft der Rede wie ein Wasserbach durch eine Rinne führen.

Zumal im Felde von Dingen, wo keine Erfahrung, keine Aufdeckung eines Irrthums durch Thatsachen möglich ist. Dahin rettet sich die Gläubigkeit des Menschen, wenn sie aus allen Erfahrungsgebieten verdrängt ist. Und je weniger Gründe der Unwissende für seinen Glauben hat und je weniger er von Gründen dafür versteht, desto eher läßt er sich dafür todtschlagen und schlägt er Andre dafür todt, weil sich dann auch um so weniger Gegengründe dagegen geltend machen können.

Aber auch der, dessen Verstand durch Erfahrung und

Denken gereift ist, der den Zweifel gelernt hat, bleibt dem Einflusse des historischen Motivs nicht entzogen; die Meinung um ihn und die Autorität über ihm übt eine unwillkührliche Macht über ihn, und nicht leicht geht wieder der ganze Glaube verloren, der ihm als Kind eingepflanzt wurde, bestimmt vielmehr selbst unwillkührlich viel von der Ausbildung seines Verstandes und seiner Schlüsse.

Zumal wenn es Dinge gilt, die mit aller seiner Erfahrung auch die Tragweite jedes Schlusses übersteigen; und so sehen wir sogar viele der schärfsten Denker nach vergeblichem Ringen, das Wahre und das Beßte im Felde der höchsten und letzten Dinge durch eigene Vernunft festzustellen, endlich daran verzweifelnd, sich auf's Neue mit bewußtem Willen der Macht des historischen Princips unterwerfen, das ihnen die Ruhe und das Vertrauen des Kindes zurückzugeben verspricht. So kehrt das Ende in den Ausgang zurück.

Hier sehen wir, wie das praktische Motiv hinzutritt, das historische neu zu beleben und zu stärken. Auch suchen die selbst, die den Glauben einem Andern einpflanzen, ihn durch Zuziehung der andern Motive plausibler zu machen; aber wenn sich hiebei das historische Motiv mit auf die andern Motive stützt, so ist das Umgekehrte nicht minder wahr. Dem Volke, dem Kinde werden Gründe des Glaubens geboten, sein Heil an den Glauben geknüpft, und

es glaubt den Gründen, glaubt der Verheißung, glaubt
der Drohung ohne eigne Prüfung ganz historisch.

Ich will ein Beispiel bringen, wie ich's las:

„Der Alte vom Berge war (in den Zeiten der Kreuz=
züge) das Haupt einer ausgearteten Secte von Moham=
medanern, die auf den Gebirgen zwischen Damascus und
Antiochien hausten, und deren Name Heissassin (Assassin)
in vielen europäischen Sprachen der allgemeine Ausdruck
für Meuchelmörder geworden ist. Die Anhänger des
Alten vom Berge verehrten ihn als einen lebenden Gott
oder als einen Gottmenschen, in welchem die Gottheit sich
verkörpert habe. Sie erfüllten Kinder von dem zartesten
Alter an mit einem so festen und lebhaften Glauben an die
Gottheit des Alten vom Berge und an die Verdienstlichkeit
eines blinden Gehorsams gegen seine Befehle, daß viele
lieber sterben als leben wollten, und keiner Bedenken trug,
sich auf sein Geheiß von Felsen oder Thürmen herunter=
zuwerfen oder sich in andre unvermeidliche Lebensgefahren
zu stürzen. Wenn man den Alten vom Berge mit Gelde
gewann, so sandte er Meuchelmörder aus, vor deren Dolch=
stichen kein König im Innersten seines Palastes, kein Heer=
führer in der Mitte seiner Krieger sicher war. Heissassins
ermordeten den König Conrad von Jerusalem, und viele
andre sowohl christliche als mohammedanische Fürsten und
Herren. Die schwärmerischen Mörder fürchteten den un=
vermeidlichsten und grausamsten Tod nicht, weil sie die

feste Hoffnung hatten, daß sie sogleich zu den Seligkeiten des Paradieses wieder erwachen, oder als schöne, starke, glückliche Menschen würden wieder geboren werden." (Meinerts Geschichte der Relig. I. S. 338; nach Arnold III. p. 148. 149. VII. c. 10. p. 204. Auch Marin. I. 297 ff.)

Hier sieht man, wie die blindeste Ergebung in den Willen eines Obern, die kühnste Thatkraft und das standhafteste Dulden durch die festgemachte Hoffnung auf ein Jenseits erzeugt werden konnte, diese selbst aber ganz nach dem historischen Principe durch die bloße frühe Einpflanzung erzeugt ward; und wie hier mit dem schlechtsten Glauben ist es anderswärts mit dem, den wir für den beßten halten.

In solcher Weise sehen wir den Glauben von den Aeltern auf die Kinder übergehen, in den Schulen, von der Kanzel, durch Missionäre, durch wahre und falsche Propheten und Apostel sich verbreiten, weiter immer weiter. Und je weiter er sich schon verbreitet hat, so leichter findet er es, sich ferner zu verbreiten, wie das Feuer, die Ansteckung so leichter um sich greifen, je weiter sie schon um sich gegriffen haben. Wer kann zuletzt noch Einhalt thun?

Zum Einflusse der Verbreitung des Glaubens tritt der eben so mächtige der Dauer. An das, was die Aeltern, die Vorältern, die Urältern geglaubt haben, wagt sich nicht so leicht der Zweifel. Allmälig verwächst der Glaube so mit dem ganzen Wesen und Leben des Volkes, daß es sich selbst aufgeben müßte, um ihn aufzugeben; und fast immer ihn wirklich erst mit seiner Unterjochung und Vernichtung aufgiebt. Die triftigsten Gründe scheitern an dem fest gewordenen Glauben, so sichrer, je untriftiger der Glaube ist, weil der Glaube selbst ein Hauptquell der Gründe und der Weise zu schließen ist, zumal in seinen eignen Sachen. Und so wird der Glaube des Einzelnen durch den Zusammenhang zugleich mit dem ganzen Glauben um ihn und vor ihm gehalten.

„Je mehr wir — so lese ich in einem Missionsberichte aus Amoy in China*) — mit den Leuten bekannt werden, desto offenbarer wird uns der mächtige Einfluß, den der herrschende Aberglaube und die Furcht, durch Widerspruch gegen denselben sich als Sonderling zu bezeichnen, auf sie ausüben. Für die ungeheure Mehrzahl der niedrigen Stände ist die einfache Thatsache, daß der Götzendienst seit vielen Jahrhunderten bei ihnen üblich gewesen ist, ein ganz hinreichender Beweis, der sie der Nothwendigkeit der Prüfung vollkommen überhebt.“

Und anderwärts**,: „ich machte einen Bramahnen auf das Verkehrte des Götzendienstes aufmerksam, worauf

---

*) Calwer Missionsbl. 1847. 1. Juli. Nr. 13.
**) In einem Briefe Dr. Haug's aus Puna im westlichen Distrikten. 7. Sept. 1861. Ausland 1862. Nr. 5.

er entgegnete: so haben es unsre Vorväter gemacht, und
so müssen wir es auch thun; kein ächter Bramahne kann
die Religion seiner Väter verlassen. Jeder Stamm hat
seine eigene Religion, die Padre (Missionare) die ihrige
und wir die unsrige."

Aber was hat denn, fragt nun der Ungläubige nicht
ohne Grund, ein Glaube für Werth und Ansprüche
auf Gültigkeit, der in dieser Weise ganz nach demselben
Principe als Feuer und Seuche seine Verbreitung durch
die Menschheit findet; ein Glaube, der seine Hauptwurzel
in der Leichtgläubigkeit hat, vom Kinde und Volke ohne
Verstand angenommen wird, verbreitet von solchen, die
ihn oft selbst nicht haben, und der um so sichrer bleibt, je
kindischer und weibischer, je unverständiger der Mensch
bleibt, der ihn hegt, und von den Vernünftigen nur festzuhalten ist, indem sie die Vernunft opfern. Haben nicht
tausend und abertausend Irrthümer und Mährchen im selben Wege sich verbreitet; und sehen wir doch den Glauben der Völker an; ist er nicht voll offenkundiger Irrthümer und Mährchen? und läuft nicht ein Glaube wider den
andern? Die Dichter, Priester und Regenten haben ihn
erfunden; nun geht er durch die Welt.

Diese Einwürfe liegen auf der Oberfläche; doch gehn
wir etwas tiefer.

Es ist wahr, der Glaube wird von Jedem zuerst ohne
Gründe angenommen; es bedarf nicht des theoretischen

und praktischen Motivs, doch wird im Allgemeinen nicht
ohne Gründe festgehalten. Vom Kinde, in untern Volks-
und Völkerschichten ja; aber das ist es nicht, was ihn auf
die Dauer hält. Das Kind bleibt doch nicht ewig Kind,
die Völker erwachsen, und in jedem Volke wächst ein Theil
über den andern, und ein Theil der Völker über die andern
herauf, und die Erwachsenen herrschen über die Kinder
und den Glauben der Kinder und des Theils vom Volke,
der auf der Kindesstufe bleibt. In den Erwachsenen aber
hat der Glaube seine Proben zu bestehen. Man weiß, er
besteht sie oft nicht im Einzelnen, aber er besteht und über-
steht sie immer im Ganzen. Er hat eine französische Revolution überstanden, er hat ein Jahr 1848 überstanden, er
hat den Angriff der Materialisten aller Zeiten überstanden;
er wird Alles überstehen. Und wenn Manche nach langer
Prüfung mit der Vernunft sogar die Vernunft dem Glauben opfern, so muß es selbst noch abgesehen von der Vernunft die wichtigsten Gründe zum Glauben geben. Wenn
vor Allem Priester und Regenten ihn einzupflanzen streben, wenn sogar solche ihn einzupflanzen streben, die ihn
selbst nicht haben, so muß es auch sehr allgemeine zwingende und bindende Gründe, ihn einzupflanzen, geben.
Sei also die historische Fortpflanzung an sich kein zuläng-
licher Grund, das Fortgepflanzte für wahr zu halten, so
kann doch die Allgemeinheit und der Zwang der Fortpflanzung
auf allgemeine und zwingende Gründe dazu rückweisen.

Und weiter: wenn der historisch fortgepflanzte Glaube im Allgemeinen voll Irrthümer und Mährchen ist, und ein Glaube wider den andern läuft, so sind die besondern Bestimmungen und Gestaltungen des Glaubens von den allgemeinen und wesentlichen Puncten desselben zu unterscheiden. Die verhältnißmäßige Einstimmung darüber, daß es ein Göttliches über und ein Jenseitiges nach dem menschlichen Dießseits gebe, und daß des Menschen höchstes und letztes Heil in die Beziehungen dazu gelegt sei, durch alle Zeiten und Völker ist doch ganz wunderbar. Also muß auch hiefür, nicht für das Wechselnde und Streitende im Glauben, eine Allgemeingültigkeit und ein Zwang der Gründe vorausgesetzt werden. Und so viel wir von den besondern Gestaltungen des Glaubens Preis geben mögen, haben wir deßhalb doch nicht den ganzen Glauben aufzugeben. Man soll kein Kind mit dem Bade ausschütten; soll man Gott mit dem Bade ausschütten?

Die große Leistung der Widersprüche, die sich im Wissen zeigen, ist nicht, das Wissen aufzuheben, sondern es zu födern, denn mit jeder Lösung eines Widerspruches steigt das Wissen eine Stufe höher. Sollte es im Glauben anders sein?

Sagt man, die Fabel von Gott und Jenseits hat sich verbreitet wie jede andre Fabel und trägt den Stempel jeder andern Fabel, so steht schon die Thatsache der Verbreitung selbst damit in Widerspruch und wie viel noch

sonst. Wo ist die Fabel, das Mährchen, das sonst solche
Verbreitung, solche Dauer gewonnen, so festen Glauben
erzeugt hätte. Zwar giebt es wohl einige Kindermährchen
und Thierfabeln, die man sich seit Alters in Indien erzählt
wie bei uns; aber das sind auch ganz besondre Raritäten,
ihre Verbreitung ist immer nur ganz dürftig gegen die des
Gottesglaubens, und was die Hauptsache ist, ein jeder
hält sie in Indien und hier für Fabeln. Vielmehr vermochte das historische Motiv die große Fabel von Gott
und Jenseits gar nicht so weit zu verbreiten, so lange in
Kraft zu erhalten, wenn es wirklich eine Fabel wäre.
Denn hier tritt folgende Betrachtung ein, geeignet, uns
endlich vom Motiv zum Argument zu führen.

Irrthum und Wahrheit haben das gemein, daß sie sich
historisch fortpflanzen lassen, und daß die Verbreitung um
so leichter fällt, je weiter sie schon gediehen ist, der Glaube
sich um so leichter hält, je länger er schon gehalten hat;
aber es besteht der Unterschied, daß das mit der Wahrheit
ins Unbestimmte, mit dem Irrthum nur bis zu gewissen
Gränzen geht, indem mit dem wahren Glauben, wie er
sich ausbreitet, etwas beständig hülfreich und föderlich mit,
gegen den falschen etwas beständig gegen geht, was mit
der Verbreitung und Dauer des Glaubens zugleich wächst
und endlich nothwendig zum Vortheil des wahren Glaubens überwiegt. Und es ist nicht schwer, das zu finden.

Weßhalb nennen wir einen Glauben wahr und gut?

weil er der Natur der Dinge und den Bedürfnissen des
Menschen entspricht. Weßhalb falsch und schlecht? weil er
damit in Widerspruch steht. Was folgt daraus schon
a priori? Je mehr der Glaube sich verbreitet und je län=
ger er dauert, desto mehr Gelegenheit wird er bieten und
finden, seine Einstimmung oder seinen Widerstreit mit der
Natur der Dinge und der Menschen zu entwickeln und zu
bewähren; die wichtigsten Wirkungen und Folgen dessel=
ben können sich sogar erst nach Maßgabe seiner Verbrei=
tung und Dauer entwickeln. Aus der Einstimmung wird
eine Begünstigung für, aus dem Widerstreit eine Gegen=
wirkung gegen seine fernere Verbreitung und längere Er=
haltung hervorgehen müssen, die mit der Verbreitung und
Dauer wächst. Mit einem Worte, es ist das Verhältniß
zum theoretischen und praktischen Princip, was den defini=
tiven Erfolg bestimmt. Das historische Princip kommt an
sich dem schlechten und guten, wahren und falschen Glau=
ben gleich zu statten; aber es steht in Bezug darauf in
einem entgegengesetzten Verhältnisse zum theoretischen und
praktischen Principe. Das letzte Ziel ist die Einstimmung
aller nach allen Beziehungen; und sie kann endgültig blos
bei einem wahren und guten Glauben statt finden.

Es ist auch hier mit dem Glauben wie mit dem Feuer.
Das Feuer greift um so leichter um sich, je weiter es schon
um sich gegriffen hat, aber verzehrt auch um so leichter sei=
nen Stoff; und würde längst auf der Erde ausgegangen

sein, wenn nicht immer neuer Stoff nachwüchse. So kann
ein Glaube, dem der Stoff nicht aus der Natur der Dinge
und einem wahren und allgemeinen Bedürfnisse des Men=
schen immer neu nachwächst, nicht auf die Länge fortbeste=
hen. Je länger er Bestand hat, je weiter er um sich
gegriffen hat, je mehr sich seine Conflicte mit der Natur
der Menschen und Dinge entwickeln, seine nachtheiligen
Folgen häufen und verbreiten, so näher rückt er seinem
Wendepuncte, und so sehen wir einen Irrthum, eine Fabel
nach der andern fallen, die Wahrheit aber sich immer
mehr festigen und stärken, größeren und festeren Boden
gewinnen.

Jeder schlechte Glaube und jedes Schlechte im Glauben
erreicht einmal zu irgendwelcher Zeit jenen Wendepunct,
über den hinaus seine fernere Verbreitung und seine fernere
Dauer die Bedingungen seines Verfalls über die seines
Wachsthums steigert. Dann fängt, wenn es den Glau=
bensbestand nach sehr allgemeinen Gesichtspuncten gilt,
der ganze Glaube an zu kranken. Das anfangs ohnmäch=
tig gegen die Macht des historischen Princips ankämpfende
theoretische und praktische Princip gewinnen immer mehr
Boden, so mehr, je mehr sie sich selbst mit neuen Waffen
des historischen Princips, einer die Menge fortreißen=
den oder zwingenden Kraft der Rede und der Thaten,
waffnen können. Der Unglaube kann in solchen Zeiten,
wo das historische Princip seine alte Macht verliert,

wieder zeitweis, hier und da, den Glauben überflügeln,
indeß eine Schaar Altgläubiger ihm entgegen sich um so
enger und fester unter die Fahne des historischen Princips
zusammenschaart, bis endlich die Besiegung des Unglau=
bens und das Ueberwachsen des alten Glaubens durch den
neuen sich entschieden hat. Und nicht anders ist es mit
den zeitweisen Schwächungen des Glaubens in den Epo=
chen des Ueberganges dazu, als wie die Bäche eine Zeit
lang sparsamer fließen, um nachher desto stärker anzu=
schwellen.

So vieler thörichte und schädliche Glaube würde sich
nicht einmal so lange halten und so weit verbreiten, wenn
er nicht mit überwiegend Gutem und Wahrem zusammen=
hienge, und sich beides so leicht und einfach wieder scheiden
ließe, hat es einmal im Zusammenhange in den Menschen
Wurzel geschlagen. Nur von einem im Ganzen wahren
und bessern Glauben kann der bestehende gestürzt werden,
und jener hat dazu die ganze Kraft der Beharrung zu
überwinden, welche das historische Princip dem einmal
bestehenden Glauben verleiht. So entsteht das Paradoxon,
daß das Thörichte und Schädliche in einem Glauben durch
das theoretische und praktische Princip, wogegen es läuft,
doch gehalten werden kann; nur näher zugesehen nicht an
sich, sondern vermöge seines Zusammenhanges mit etwas
überwiegend Wahrem und Gutem, und nicht auf ewig,

sondern bis es den Meister in dem im Ganzen wahreren und bessern Glauben findet.

Von andrer Seite kommt das historische Princip auch mit sich selbst in Conflict, indem es in der Natur eines falschen und schlechten Glaubens selbst liegt, auf einseitigen Bestimmungsgründen zu ruhen und also nicht allgemein sein zu können. So fängt der Glaube wider den Glauben an zu streiten, mit Waffen des Wortes und Waffen der That; ja Völker vertilgen sich um des Glaubens willen; und das trägt bei, dem guten und wahren Glauben zuletzt die Oberhand zu verschaffen, weil der gute und wahre Glaube selbst theils Weisheit, Kraft und Stärke giebt, theils mit dem zusammenhängt, was Weisheit, Kraft und Stärke giebt. Oder warum fallen die Heiden unter dem Schwert der Christen und siegt der Occident über den Orient. Im Einzelnen können vom Siege des Wahren und Guten Ausnahmen stattfinden, rückgängige Bewegungen; im ganzen Gange der Geschichte aber schlägt dieser Gesichtspunct durch).

Des Näheren stellt sich hienach das historische Princip des Glaubens wie folgt:

Wenn ein Glaube an die Existenz von Etwas, das nicht unmittelbar der Erfahrung unterliegt, besteht, so müssen irgendwelche dem Menschen bewußte oder unbewußte, vom Existenzgebiete her wirkende, Gründe dazu vorhanden sein, die diesen Glauben erzeugen, oder Bedürf=

nisse im Menschen, die dazu treiben. Jeder, auch der irrigste, Glaube hat Gründe der Art, nur nicht immer allgemein zulängliche, sondern oft blos einseitige, partielle, egoistische, die durch unangemessenes Uebergewicht oder untriftige Verallgemeinerung den falschen Glauben oder das Falsche im Glauben erzeugen. Es erwächst aber für die Zulänglichkeit der Gründe und hiemit für die Triftigkeit und Güte des davon abhängigen Glaubens eine um so größere Wahrscheinlichkeit:

1) Durch je mehr und verschiedenartigere Menschen, Völker, Zeiten und Klimate, Lebensverhältnisse sich der Glaube forterstreckt, indem der Glaube hiemit um so ausgedehntere, vielseitigere, längere Gelegenheit erhält, seine Einstimmung mit der gesammten Natur der Dinge und den allgemeinen und dauernden Bedürfnissen der Menschen zu bewähren oder seinen Widerspruch damit geltend zu machen.

2) Je zusammenhängender, einstimmiger, stetiger, kräftiger und wirkungsreicher er sich durch sie erstreckt, indem hiedurch die Haltbarkeit, Nachhaltigkeit, Einstimmigkeit, Kraft der in der Natur der Dinge und des Menschen liegenden Begründungsmomente des Glaubens bewiesen wird.

3) Je unbefangener und vorurtheilsfreier die Auffassung, je größer die natürliche Begabung, je umfangsreicher das Wissen, je vollkommener der moralische Zu-

stand, je höher überhaupt die Culturstufe der Menschen und Völker ist, durch die er sich erstreckt, indem hiedurch einerseits eine vollkommnere Auffassung der Begründungs= momente des Glaubens bedingt, anderseits die Vernünf= tigkeit und Güte des Glaubens in seinen Folgen bewährt wird.

Einzelne Fälle des Unglaubens oder abweichenden Glaubens bei Individuen und selbst Völkern und Zeiten können gegen die Uebermacht eines allgemein verbreiteten und durch den Zeitenlauf sich erhaltenden und fortentwickeln= den Glaubens nicht in Betracht kommen, insofern sie durch ein einseitiges oder partielles Wirken von Gründen, was sich dem allgemeinen Zusammenhange entzogen hat, erklär= bar sind, indeß der im Allgemeinen überwiegende und stetig sich forterhaltende Glaube ein allgemeines, zusam= menhängendes, dauerndes Wirken von Gründen voraus= setzt.

Hienach kann man einen Schluß auf die Wahrheit und Güte eines Glaubens machen, ohne daß es nöthig ist, die im Existenzgebiete liegenden, im Menschen zur Wir= kung gekommenen Gründe, von welchen derselbe abhängt, zur Klarheit zu entwickeln, indem ihre Wirkung selbst ihr Dasein beweist. Und hiedurch unterscheidet sich das histo= rische Argument vom theoretischen und praktischen, auf die wir weiterhin zu sprechen kommen. Es schließt aus der Wirkung der Gründe auf das Vorhandensein der Gründe,

die aber doch, abgesehen von der dunkeln Möglichkeit einer
Uroffenbarung, zuletzt nur dieselben sind, aus denen im
theoretischen und praktischen Argumente bewußterweise
gefolgert wird. Es ist aber bei der Schwierigkeit, ja selbst
Unmöglichkeit, die Gesammtheit der Gründe, welche den
Glauben erzeugt haben, im Einzelnen zu verfolgen und
nachzuweisen, von Belang, zu den Argumenten, welche
sich auf die Kenntniß derselben stützen, auch noch ein Argument zu haben, welches sich auf die Wirkung derselben
stützt.

Schließen wir hienach das Argument zunächst in Bezug auf den obersten Gegenstand des Glaubens ab.

Da der Glaube an das Dasein Gottes die allgemeinste
Verbreitung durch die Völker der Erde hat, da er eben so
von den ältesten Zeiten bestanden hat, als im Laufe der
Zeiten sich forterhält, da er nicht nur als naturwüchsiger
bei allen culturfähigen Völkern auftritt, sondern mit weni-
gen Ausnahmen selbst bei solchen Völkern, deren Cultur-
fähigkeit man bezweifeln kann, da er nach Maßgabe der
fortschreitenden Cultur-Entwickelung der Menschheit selbst
vielmehr an Entwickelung zu- als abnimmt, da er dabei
über den Streit einseitiger Ansichten, wenn nicht seinen
besonderen Gestaltungen, aber seinem Grundbestande nach,
wenn nicht im Einzelnen, aber im Ganzen und Großen,
erhaben bleibt, da er selbst das allgemeinste Einigungs-
mittel aller Menschen auf Erden ist, und die Anlage zeigt,

es fort und fort mehr zu werden, da er seine Macht über=
haupt durch die gewaltigsten und nachhaltigsten Wirkungen
beweist, da endlich die einzelnen Fälle des Unglaubens
nur ausnahmsweise und nur bei Individuen, Völkern,
Zeiten entweder von ganz niedrer Anlage und Bildung
oder einseitiger Richtung vorkommen, so vereinigen sich
alle Gesichtspuncte des historischen Arguments zu Gunsten
des Gottesglaubens; ja das Existenzgebiet würde einen
Widerspruch in sich enthalten, wenn es diesen Glauben in
so großer Allgemeinheit und mit so überwiegender Kraft
hervortriebe, erhielte und fortentwickelte ohne allgemein=
gültige überwiegende Gründe dazu zu enthalten.

Mit Recht hat man dem historischen Argumente, so
wie es wohl mitunter ausgesprochen worden ist, „weil alle
Menschen an Gott glauben, muß dieser Glaube in der
Natur begründet sein“ eingewandt, daß nicht alle Men=
schen an Gott glauben. Man muß das Argument des
Glaubens so wenig darauf stellen, daß Alle dasselbe
glauben, als einen Beschluß im Staate, daß Alle dasselbe
beschließen. Aber die überwiegende Zahl und das über=
wiegende Gewicht der Stimmen muß etwas gelten. Nun
kann es in einem Staate oft sehr schwer werden, den Con=
flict zwischen dem, was die Meisten wollen und was die
Beßten und Weisesten wollen, zu entscheiden, und selbst
erst zu entscheiden, wer die Beßten und Weisesten sind.
Und so theilen sich die Staaten, indem die monarchischen

mehr Gewicht auf das Gewicht, die republicanischen mehr
auf die Zahl der Stimmen legen, diese immer von Neuem
die Zahl entscheiden lassen, wer als die Beßten und Weisesten ein Mehrgewicht haben sollen, jene das Gewicht fortgehends da suchen, wo es bisher gewesen. Aber dieser
Conflict besteht glücklicherweise beim Gottesglauben nicht.
Nicht nur die Meisten überhaupt, auch die Weisesten und
Beßten, oder jedenfalls von den Weisesten und Beßten die
Meisten glauben an Gott, selbst wenn man einzelnen
Gottesläugnern nachgeben wollte, was in gewissem Sinne
doch ein Widerspruch in adjecto ist, daß sie zu den Weisesten und Beßten gehören. Daß im Ganzen die Weisheit
und Güte vielmehr auf Seite der Gottesgläubigen als der
Atheisten ist, werden diese kaum selbst bestreiten; und
wollten sie es bestreiten, so würden doch ihre Stimmen
eben wegen ihrer geringen Zahl und ihrer durchschnitt-
lichen Gewichtslosigkeit in republicanischen wie monarchischen Staaten nichts zu gelten haben.

Nun ist es aber eigen, daß eben dieselben, welche die
Mehrheit der Stimmen im Staate über Alles maßgebend
halten, die Vertreter der absoluten Volkssouveränetät,
nicht selten zugleich Atheisten sind, welche sich gar nicht
darum kümmern, daß sie in so großer Minorität in Glaubenssachen sind. Wenn in Staatsangelegenheiten das
Beßte durch Mehrheit der Stimmen gefunden werden
kann, warum weniger in Glaubenssachen, die doch nach)

ihnen so gut eine Sache der Volksvernunft sein müssen, als die Staatssachen. Hier liegt eine unbegreifliche In=consequenz.

Es kann auch oft ein Conflict bestehen zwischen den naturwüchsigen Ansichten der Völker, welche in gewissem Sinne den Vortheil einer unbefangeneren naiveren Auf=fassung haben, und denen einer fortgeschrittenen Zeit. Aber auch dieser Conflict besteht nicht in Bezug auf den Glau=ben an Gott, sondern blos in Bezug auf die Gestaltung dieses Glaubens. Die Naturvölker wie die Culturvölker glauben, nur in verschiedener Weise, an Gott.

Es kann aber das historische Argument wie für das Allgemeine des Gottesglaubens auch für die besondern Bestimmungen und Gestaltungen desselben verwendet wer=den, nur daß das Allgemeine sicherer dadurch gestellt ist, als jede Specialität. Und eben so wie für den Gottes=glauben gilt es für die andern Hauptstücke des Glaubens. Nächst der Existenz eines göttlichen Wesens lassen sich mit Rücksicht auf das Gewicht, was die Stimmen der Völker und Zeiten haben müssen, namentlich folgende Puncte durch das historische Argument als wohl begründet ansehen.

1) Die Einheit und Persönlichkeit des göttlichen Da=seins, welche von den höchststehenden, in Bildung am meisten fortgeschrittenen, die Zukunft der Erde unstreitig beherrschenden, Nationen übereinstimmend anerkannt wird, und selbst für die polytheistischen Religionen theils den

Ausgang gebildet haben kann, indem das Anfangs ein=
heitlich aufgefaßte göttliche Dasein sich erst später durch
Zerspaltung oder Ausgeburten in eine Vielheit verwan=
delte, theils noch in der Vorstellung eines alle andern
Götter überragenden Gottes eine Annäherung findet.

2) Der Glaube an ein reales und sittliches Band zwi=
schen dem Menschen und Gott und zwischen den Menschen
durch Gott, welcher selbst in den unvollkommensten Reli=
gionen bis zu gewissen Gränzen besteht, zur reinsten und
vollsten Geltung und Wirkung nach sittlicher Seite aber
in der christlichen Religion erhoben worden ist.

3) Die Verknüpfung des Gottesglaubens mit dem
Unsterblichkeitsglauben, welche zwar nicht überall von
Anfange an noch auf allen rohen Culturstufen lebendig
vorhanden ist, doch im Fortschritt und der Entwickelung
des religiösen Glaubens überall Platz gegriffen hat, und
da, wo es der Fall, nicht wieder untergehen kann.

4) Der Glaube an derartige Beziehungen zwischen dem
jetzigen und künftigen Leben, daß die Weise, wie der
Mensch sein Leben diesseits führt, Bedingungen für seine
Existenzweise im künftigen Leben einschließt, worin sich
ebenfalls der Glaube der rohsten und gebildetsten Völker
begegnet.

5) Der Glaube an das Dasein persönlicher Mittel=
wesen zwischen uns und Gott, wodurch eine Vermittelung
zwischen uns und ihm nach besondern Beziehungen her=

gestellt wird, indem sich hierin der heidnische Glaube an
Untergötter, Heroen, Dämonen mit dem christlichen an
einen göttlichen Mittler, an Engel, an Heilige und Se=
lige, die Gott näher als wir stehen, begegnet. Jede Reli=
gion trägt überhaupt ein Moment der Einheit und ein
Moment der Vielheit in sich, nur daß in der christlichen,
jüdischen, mohammedanischen das der Einheit, in den
eigentlich heidnischen das der Vielheit überwiegt, und in
der Hindureligion beide sich in unklarer Vermischung die
Wage halten.

Kurz, über diese gesammten Hauptbestandstücke des reli=
giösen Glaubens ist aus dem allgemeinsten Gesichtspuncte
derselben durch das historische Argument entschieden; wenn
schon es in Betreff jedes derselben mehr und entschiedenere
Glaubensausnahmen giebt, als in Betreff des obersten
Glaubenspunctes, welcher das göttliche Dasein im Allge=
meinen betrifft; wie denn auch bei jenen Hauptpuncten
das Allgemeine wieder fester gestellt ist, als das Einzelne,
worüber aus dem Gesichtspuncte des historischen Principes
sogar noch die größten Zweifel bestehen. Namentlich herr=
schen über die Realbeziehung Gottes zur Natur und zu
den Menschen, die Verhältnisse unsers jenseitigen Daseins
und die Beschaffenheit der Mittelwesen so abweichende
Vorstellungen nicht nur zwischen Völkern auf verschiedener
Stufe der Cultur, sondern auch zwischen den gebildetsten
Völkern und im Schooße derselben selbst, die Ansichten

darüber sind]so unklar und in sich widerspruchsvoll, und die christliche Religion selbst hat so wenig Bestimmtes und Unzweideutiges darüber aufgestellt, daß auch mit Rücksicht auf das vorzugsweise Gewicht, was wir dem Christenthum beizulegen haben, historisch nichts über diese Puncte als entschieden gelten kann. Vielmehr besteht für das theoretische und praktische Princip hier noch die Aufgabe, den historischen Conflict zu lösen, die verschiedenen Richtungen, die sich geltend gemacht haben, bestmöglichst zu vereinigen, und etwas historisch Durchschlagendes festzustellen.

Dabei kann sich noch fragen, ob Standpuncte, die wir für überwunden ansehen, nicht endlich überwinden werden. Das Naturwüchsige wird leicht überschritten, um endlich in veredelter Gestalt zurückzukehren; und eines wichtigen Conflicts ist zu gedenken.

Bis zu gewissen Gränzen wächst mit dem Bildungsgrade der Völker, dem Fortschritte der Cultur auch das Gewicht ihrer Glaubensstimmen. Aber eine Gegenerwägung findet Platz. Der wachsende Umfang und Reichthum der Erkenntniß und die eindringende Schärfe der Untersuchung begünstigt zwar von gewisser Seite auch die einheitliche Auffassung des Existenzgebietes; Mittelglieder zwischen den Dingen und in der Tiefe der Dinge und in Abstractionen aus großen Kreisen der Dinge werden gewonnen, die der rohen Erkenntniß fehlen; und unsre Zeit ist darin unsäglich gegen jede frühere voraus; von

andrer Seite aber wächst zugleich die Gefahr, sich in das
Einzelne zu verlieren und zu zersplittern, die immer nöthi=
ger werdende Theilung der Arbeit mit einer Theilung des
Gegenstandes der Arbeit, die immer schärfer werdenden
Unterscheidungen mit Scheidungen, die immer höher stei=
genden Abstractionen mit höhern Wesenheiten, das für
sich Denkbare mit für sich Bestehendem zu verwechseln, und
hiemit die Gefahr, die reale Einheit der Existenz zu ver=
lieren. Auch dieser Gefahr ist unsre Zeit vielleicht mehr
als jede frühere unterlegen, und nach dieser Seite kann
eine naturwüchsige Betrachtung, die noch nichts scheidet,
was sie nicht einmal klar unterscheidet, noch wenig ein=
theilt, abstrahirt, in Vortheil und Rechte sein gegen eine
vorgeschrittene Zeit; während der Gipfel und das Ziel des
Fortschrittes unstreitig mit größtmöglicher Steigerung der
im Laufe des Fortschritts gewonnenen klaren Unterschei=
dung aller Theile und Seiten der Existenz zugleich die
einheitlichste Verknüpfung wieder gewinnen lassen wird,
und so nach dem Gesetze der Berührung der Extreme in
gewissem Sinne eben da zum Ausgang wieder einkehren
wird, wo in anderm Sinne die größte Abweichung davon
erreicht ist. Leib und Seele, Seele und Geist, Organisches
und Unorganisches, Mensch und Erde, Erde und Himmel,
Mensch und Gott, Gott und Welt, Diesseits und Jenseits,
Endliches, Unendliches werden heutzutage nicht nur unter=
schieden, sondern auch in einer Weise geschieden, zum Theil

sogar einander schroff gegenübergestellt, von der die frühste
Zeit nichts wußte, und die letzte unstreitig nichts mehr
wird wissen wollen.

Wo nun ein Conflict naturwüchsiger Ansichten mit
denen einer mehr vorgeschrittenen Zeit stattfindet, gilt es,
zuvörderst auf die Natur der Völker zu achten. Die naturwüchsigen Ansichten von Völkern, aus denen heraus der
Fortschritt sich entwickelt hat, werden mit ganz anderm
Auge zu betrachten sein, als solche, die, wie die der
Fetischanbeter, einfach verdammt sind, dem Fortschritte der
Cultur zu erliegen, und durch ihre Entwickelungsunfähig-
keit selbst ihr Unrecht historisch bewiesen haben; indeß der
Umstand, daß jene den Fortschritt begründet haben, es
möglich erscheinen läßt, daß dieser nur zeitweis etwas von
den Gesichtspuncten verloren gab, die im Ausgange zu
Recht bestanden. Und nun wird zweitens nach der Natur
der Differenz zu sehen sein. Sind es wirklich einheitliche
Gesichtspuncte, die nach der Natur des Fortschrittes verloren gehen konnten, oder sind es Gesichtspuncte, die wie
die der heutigen exacten Naturwissenschaft nur durch den
Fortschritt gewonnen werden konnten. Sind es solche,
über welche die Zeit des Fortschrittes selbst in Einigkeit
und Klarheit oder worüber sie in Zwiespalt und Unklarheit ist. In dieser Hinsicht unterscheiden sich in der That
die festgegründeten Ansichten der heutigen Naturwissenschaft gar sehr von den einer gränzenlosen Zerwürfniß

unterliegenden, welche die Beziehung von Gott und Welt,
Leib und Seele und allen obgenannten Dingen betref=
fen. Hier ist es möglich, daß wir in mancher Beziehung
zum Ausgang wieder einzukehren haben werden; es ist
mein Glaube, daß es einst geschehen wird, doch nur um
von da als von einem neuen Ausgangspuncte aus wieder
darüber hinauszugehen, ohne aber von nun an die eine
oder andre Einheit wieder zu verlieren.

Nachdem überhaupt nur die allgemeinsten Grundlagen
des Glaubens historisch als festbegründet gelten können,
ist jedenfalls ein Fortschritt, eine weitere Entwickelung und
neue Befestigung des Glaubens auf diesen Grundlagen
noch denkbar. Welcher Art sie sein mag, sie wird noth=
wendig dem Beharrungswiderstande des historischen Prin=
cips begegnen, bevor sie zum historischen Fortschritte wird;
verdient sie aber durchzudringen, wird sie auch über kurz
oder lang durchdringen, sich fortpflanzen, verbreiten, ein=
wurzeln, wenn es auch nicht beim ersten Versuche ist, —
denn alle ersten Versuche scheitern, — und sich also endlich
historisch doch bewähren. Ein Glaube oder Unglaube
aber, der wie der materialistische von jeher nur vereinzelt
aufgetreten ist, und troß der Gelegenheit zur Verbreitung
sich nie in einiger Allgemeinheit hat zu verbreiten oder
zu halten vermocht, noch auch Miene macht es zu thun,
hat hiemit schon historisch seine Untriftigkeit bewiesen.

Nicht minder aber als dem materialistischen Unglauben

ist vielen besondern Richtungen oder Gestaltungen des
Glaubens das Urtheil von vorn herein dadurch gesprochen,
daß man sich sagen muß, sie können historisch nicht durchdringen, der pietistischen, welche alles Weltliche, woran
sich die Seele erfrischt und erquickt, verwirft, der orthodoxen mit ihrem crassen Wunderglauben, jeder christlich
dogmatischen überhaupt, welche zugleich der Eingänglichkeit unter den Heiden widerstrebt, und unter den Christen
selbst den Streit unterhält. Hiegegen giebt es einen
Hauptgesichtspunct und davon abhängige Gesichtspuncte
des Christenthums*), wovon sich sagen läßt, sie können
nicht nur, sie müssen dereinst allgemein durchdringen,
nachdem sie schon Grund gewesen sind, daß das Christenthum durch Judenthum und Heidenthum bis hieher durch-
gedrungen ist, und welche bei allem Streite der Confessionen und Secten unter den Christen selbst noch eine
Einheit unter ihnen forterhalten. Nur wird dieses allgemeine Durchdringen erst dann stattfinden können, wenn
sie die solidarische Verbindung aufgegeben haben, in der
sie mit Dogmen gefaßt werden, die nicht des allgemeinen
Durchdringens fähig sind.

Auch in jenen Richtungen des Christenthums aber,
die nicht allgemein durchdringen und darum nicht so wie
sie sind fortbestehen können, wird es doch immer etwas

---

*) Zend-Avesta II. S. 38. 39. Ueber die Seelenfrage S. 193.

geben, womit sie in der Natur der Dinge und den Bedürfnissen des Menschen wurzeln, sonst würden sie weder
entstanden sein, noch sich so lange haben halten können;
und was dieser Art ist, wird in einer vollendeten Religion seine noch vollständigere Erfüllung in Einstimmung
mit dem finden, was in scheinbar ganz entgegengesetzten
Glaubensrichtungen nur in einer andern Seite der Natur
der Dinge und Bedürfnisse des Menschen wurzelt, als jetzt
im Widerstreit damit. Sofern aber noch keine dieser
Richtungen die andern zur Einstimmung mit sich zwingen
kann, beweist sie eben damit, daß sie so wie sie ist, noch
nicht die vollendete, vielmehr selbst noch in gewissem Sinne
zu bezwingen ist.

Der materialistische Unglaube selbst würde nicht entstanden sein und sich so lange haben halten können und
so oft von Neuem haben erheben können, wenn er nicht
doch etwas Triftiges andern Richtungen gegenüber zu
bieten hätte. Nur daß das nicht seine negative Seite,
sondern eine positive Seite ist, womit er einem einseitigen
Idealismus und mystischen Speculationen den Widerpart
hält. Und besteht das historische Princip zu Recht, so
wird das, womit er im Rechte ist, in der positiven Gestaltung eines vollendeten Glaubens auch sein noch vollkomm-
neres Recht in Einstimmung mit dem gegentheiligen Rechte
finden, als jetzt im Widerstreit damit.

Wie, fragt man, wäre doch das Alles möglich? was

für ein Utopien des Glaubens wird hier geschildert? Aber, daß man es für ein Utopien halten kann, beweist selbst am schlagendsten, daß die Vollendung des Glaubens, die verlangt wird, noch nicht da ist. Fragt sich, was die andern Principe leisten können, sie dereinst historisch herbeizuführen.

————————

VI.

Das praktische Princip.

Der Mensch glaubt, was ihm zu glauben gefällt, dient, frommt, war der kurze Ausdruck des praktischen Motivs.

Nun gefällt uns nach einem psychologischen Gesetze am meisten dasjenige als existirend oder bevorstehend zu glauben, wovon wir zugleich glauben, daß seine Existenz uns gefallen, dienen, frommen wird; der Glaube daran trägt selbst unmittelbar oder durch seine Folgen zu unsrer Befriedigung bei, und die Tendenz zu dieser Befriedigung giebt unwillführlich ein Motiv zu dem Glauben ab.

Von vorn herein zwar möchte man meinen, ein solches Motiv könne den Menschen wohl zum Handeln, um das Befriedigendste zu schaffen oder herbeizuschaffen, nicht aber zum Glauben, als sei es schon geschafft, bestimmen; doch die Erfahrung lehrt es anders, schon in den Dingen des täglichen Lebens.

Erinnern wir uns, wie die Hoffnungen des Menschen meist von seinen Wünschen bestimmt werden, wie er Alles gern glaubt, was diesen Wünschen zusagt, ungern glaubt, was ihnen widerspricht, wie er seinen Scharfsinn aufbietet, Gründe in jenem und wider diesen Sinn zu finden und sich dabei willig selbst betrügt und betrügen läßt. Nirgends aber ist es dem Menschen schwer gefallen, Gründe zu finden, wenn er sie suchte, und je dunkler das Gebiet ist, in dem er sich dabei bewegt, je weniger Erfahrung eine Widerlegung gestattet, um so größern Spielraum hat er für diese Gründe, oder um so leichter glaubt er ohne alle Gründe.

Man sieht manchmal große Colonieen auf die Vorspiegelungen von Abentheurern hin in ferne Länder ihrem Verderben entgegenziehen; es ist das praktische Motiv, was sie dem Verderben entgegenführt. Sie hoffen und glauben von der Zukunft und Ferne das Erwünschte, was die Gegenwart nicht bietet. Deßhalb machen die Lotto's, die Schatzgräber, Wunderdoctoren, Alchemisten, Charlatane aller Art so gute Geschäfte; sie beuten das praktische Motiv des Menschen aus, das ihn um so leichter zum Glauben bestimmt, je vortheilhafter ihm das dünkt, was es gilt zu glauben; und wer am meisten verspricht, überbietet die Andern.

Dasselbe aber, was so große Kraft im Gebiete des Aberglaubens beweist, beweist dieselbe, ja noch größere,

Kraft im Gebiete des Glaubens an die höchsten und letzten
Dinge, so daß man freilich von vorn herein fragen kann,
ob es nicht auch noch größerer Aberglaube ist. Die Bedingungen für die Wirksamkeit des Motivs sind hier die
günstigsten, und so sind auch die Leistungen desselben hier
die größten.

Denn nicht nur sind diese Gegenstände des Glaubens
die dunkelsten, überreichen und übersteigen am meisten die
Erfahrung; nicht nur ist der Schluß hier am unsichersten,
der Spielraum der Ansichten am größten, sondern der
Glauben und die Gestaltung des Glaubens daran hat auch
den größten und tiefsten Einfluß auf die gegenwärtige
Befriedigung des Menschen, so wie die wichtigsten praktischen Folgen. Kurz es ist hier für das praktische Motiv
in jeder Hinsicht der wirksamste Angriff und fruchtbarste
Boden. Wo keine menschliche Hülfe mehr reicht, sehnt
man sich nach einer göttlichen, und weil man sich danach
sehnt, glaubt man daran, und glaubt noch daran, wenn
sie trotz alles Gebetes nicht kommt; man nimmt nur den
andern Glauben zu Hülfe, was Gott in diesem Leben nicht
giebt, werde er in einem künftigen Leben geben; und so
glaubt man auch an ein andres Leben. Wer kann unsern
Glauben widerlegen? Wo kein Beweis ist, ist auch keine
Widerlegung. Also kann der Glaube sich ruhig ergehen
und ein Glaube sich durch den andern steigern und stützen.
Was der Mensch am liebsten sehen möchte und am wenig-

sten sieht, glaubt er am liebsten, und setzt sich im religiösen Glauben hierin keine Schranken.

Also sagt Paulus (Ebr. XI. 1): „es ist aber der Glaube eine gewisse Zuversicht deß, das man hoffet, und nicht zweifelt an dem, was man nicht sieht."—Und Pascal ungefähr (pensées p. 243): die Vernunft kann nichts darüber entscheiden, ob ein Gott ist oder nicht. Von dieser Seite kann man wetten, ob ein Gott sei oder nicht. Aber man muß wetten, es sei Gott, und in diesem Glauben leben, weil man hiemit Alles gewinnt, wenn Gott wirklich ist, aber nichts verliert, wenn Gott nicht wirklich ist, während man bei der Wette, Gott sei nicht, nichts gewinnt, wenn man Recht hat; und Alles verliert, wenn man nicht Recht hat. — Und Cato bei Cicero (de senectut. cap. 23): »quodsi in hoc erro, quod animos hominum immortales esse credam, lubenter erro, nec mihi hunc errorem, quo delector, dum vivo, extorqueri volo. «

Sie alle charakterisiren den Glauben durch sein praktisches Motiv; und wie es sich hier bewußt ausspricht, wirkt es allwärts unbewußt.

In der That, ohne das praktische Motiv möchten alle theoretische Motive nicht viel verfangen; indeß sie im Dienste und Gefolge des praktischen Motivs das leichteste Spiel haben, und oft naiv genug bei ihrer Vorführung bekennen, man brauche sie eigentlich nicht, und sie seien nicht zu brauchen. Es reicht schon hin, daß man den Glauben braucht, und dazu reicht, daß man an etwas Brauchbares glaubt.

Wenn uns der Glaube an Gott nicht irgendwie diente, wie sollte uns einfallen, nach einem unsichtbaren Gotte über uns, um uns, in uns zu suchen, wie gelingen, ihn zu finden. Nun wir Gott brauchen, suchen wir ihn und finden ihn und finden Gründe dafür, schlechte, gute, oder verlangen eben keinen andern Grund, als daß wir ihn brauchen; aber ohne ihn zu brauchen, würden wir ihn nicht finden, weil wir ihn nicht suchen; und wie Mancher, der ihn verloren hat, fand ihn wieder, blos weil er ihn brauchte. Wenn wir aber Gott gefunden haben, so gestalten wir auch unsre Vorstellungen von ihm in dem Sinne, wie es uns am meisten befriedigt ohne Rücksicht auf anderweite Gründe.

Merkwürdig, welche Kraft in dieser Hinsicht das praktische Motiv beweist. Sehen wir uns um in der Welt, so sehen wir das Uebel in tausendfältiger Gestaltung, weitester Verbreitung und oft mit übermächtiger Gewalt herrschen, physisches, moralisches, Pest, Hungersnoth, Krieg, Wassers- und Feuersnoth, sehen das Unheil über Gerechte und Ungerechte verhängt, sehen die frömmsten Gebete ohne Erhörung, sehen unschuldige Kinder die Strafe für die Schuld der Aeltern tragen, sehen die Prasser, die Gewaltthätigen, in Besitz von Reichthum und

Macht, sehen die Wahrheit verfolgt; ja was Alles sehen wir nicht, was handgreiflich in die Augen schlagend gegen das Dasein eines zugleich allmächtigen, allweisen, allgütigen Gottes spricht. Und doch sehen wir die Lehre vom allmächtigen und allweisen und allgütigen Gott allwärts in den Schulen und von den Kanzeln verkündet, und tausend und abertausend Menschen ihren letzten und einzigen und beßten Trost auf den Glauben an solchen Gott gestützt. Warum? weil der Mensch dieses Trost's bedarf.

Nicht anders mit dem Glauben an ein Jenseits.

Alles, was wir sehen, widerspricht auf's Schroffste diesem Glauben; denn Alles verfällt mit dem Tode, woran sich das Leben der Seele sichtlich knüpfte. Das Bewußtsein schwindet schon, wenn nur das Blut im Gehirne stockt, und bleibt geschwunden, so lange als es stockt. Und Beides, Blut und Gehirn, verfaulen ganz im Tode. Das Auge, womit wir sehen, das Ohr, womit wir hören, was wird aus ihnen? Aber der Mensch will fortleben, fortempfinden, fortdenken, fortschreiten; er braucht den Glauben an ein Jenseits zum Trost bei den Leiden des Dießseits und als zielsetzend für den Gang im Dießseits, als Lockung zum Guten, zur Abschreckung vor dem Bösen im Dießseits. Und so treibt ihn die Lust zu leben, das Bedürfniß in Hoffnung zu leben und eine gute Richtung im Leben zu erhalten, im Glauben über den Tod hinaus.

Wer aber an die Unsterblichkeit glaubt, stellt dann

auch gewisse Bedingungen, die von ihm nicht aus der
Natur der Sache, von der er nichts weiß, sondern aus der
Natur seiner Wünsche entlehnt werden. Niemand will es
missen, die, die er hier geliebt hat, wiederzufinden, Niemand
die Erinnerung an das Jetzt ganz aufgeben, Niemand
seine unverdient erlittenen Leiden unvergolten sehen. Der
eine wünscht sich auf die Sonne, der andre auf die Venus,
ein dritter möchte eine Wanderung durch alle Himmel
machen; wohin der Wunsch neigt, neigt sich auch der
Glaube; den meisten aber ist nichts im sichtbaren Himmel
noch auf Erden gut genug für die Guten und schrecklich
genug für die Bösen; so glauben sie an Paradies und
Hölle; und jedes Volk hofft im Paradies auf das und
macht vor dem zu fürchten, was ihm am beßten und am
schlimmsten dünkt.

So hat Falconer die eigenthümliche Bemerkung ge=
macht, daß in heißen Ländern, wo man viel von der Hitze
zu leiden hat, die Hölle immer als heißer, in kalten dage=
gen, wo die Kälte sich mehr als Uebel geltend macht, als
kalter Ort vorgestellt werde. Und wenn nicht überall, so
doch im Durchschnitt trifft die Bemerkung zu.

Die alten Skandinavier, denen Kampfeslust und Ruhm
über Alles gieng, die aber auch die Freuden des Mahles
und schöne Frauen zu schätzen wußten, malten sich danach
auch ihre Walhalla aus; da wird noch gekämpft, gegessen

und getrunken, und die Walkyren, schöne Jungfrauen, reichen das gefüllte Horn.

Als die Missionäre den Grönländern statt ihres Himmels den christlichen Himmel schilderten, erwiederten sie ihnen: „euer Himmel, eure geistigen Freuden, mögen für euch gut genug sein; aber für uns würde das langweilig sein. Wir müssen Seehunde, Fische und Vögel haben; denn unsre Seele kann so wenig ohne sie bestehen, als unser Körper. Wir würden diese Dinge in eurem Himmel nicht finden, deßwegen wollen wir euern Himmel euch und dem werthlosen Theile der Grönländer überlassen; aber wir wollen zu Torngarsuk hinuntergehen; dort werden wir einen Ueberfluß an Allem ohne die geringste Bemühung finden." (Aus Prichard's Naturgesch.).

Hiegegen glaubte Plato, daß eine Untersuchung der ewigen Wahrheiten und die freie ungehinderte Betrachtung der unermeßlichen Himmelskörper und aller uns entweder unbekannten oder doch räthselhaften Wunder der Natur die reinen entbundenen Seelen beseligen werde.

Auch Plato glaubte, wie die Andern, was er wünschte, und der Unterschied war nur der, daß er etwas Höheres, Edleres und Besseres wünschte, als die Grönländer.

Wer aber Gott und Jenseits nicht zu brauchen meint, der glaubt auch meistens nicht daran; und im Allgemeinen sehen wir die, welche Beides leugnen, auch sich bestreben, zu zeigen, daß wir Beides nicht brauchen, wenn schon dieß immer nur Ausnahmen bleiben; denn im großen Ganzen überwiegt die Wirkung des praktischen Motivs unverhältnißmäßig zu Gunsten des religiösen Glaubens.

Nicht minder als die Erzeugung, Erhaltung und Gestaltung des Glaubens bei jedem Menschen für sich steht die Fortpflanzung davon an Andre unter dem Einflusse des praktischen Motivs und an dieser Verbindung desselben mit dem historischen Principe hängen die größten Leistungen beider.

Man glaubt nicht nur selbst, was uns gefällt, dient, frommt, sondern macht auch Andre das glauben, was uns gefällt, dient, frommt, sie glauben zu lassen, und zwar entweder nach egoistischem Motiv, sofern ihr Glaube uns selbst Vortheile verspricht, oder nach edlerem Motiv, sofern wir denselben ihnen frommend halten und zugleich es uns selbst frommend halten, zu ihrem Beßten zu wirken. Und während beide Motive im Einzelnen sich oft hart widersprechen, stimmen sie im Allgemeinen und Ganzen ganz zusammen, sofern der eigne Vortheil des Glaubens mit dem allgemeinen geht.

Die Priester finden es in ihrem Vortheil, daß das Volk an Gott glaubt; denn ihr Ansehen, ihre Macht, ihre Einkünfte hängen daran. Die Regenten finden es in ihrem Vortheil, daß das Volk an Gott glaubt, weil die Furcht und Ehrfurcht vor einem Höheren nicht mehr bestehen kann, wenn sie vor dem Höchsten schwindet, weil der

Glaube an Gott ihnen das Mittel giebt, ihre Würde als eine von Gott eingesetzte, die Gesetze, die sie geben, als von Gott sanctionirt darzustellen; – weil sie wohl fühlen, daß der Halt der gesellschaftlichen Ordnung, die sie zu vertreten haben und woran ihr eigener Halt hängt, an die Erhaltung des religiösen Glaubens geknüpft ist. Priester und Regenten finden es auch in ihrem Vortheil, daß das Volk an ein Jenseits glaubt, um mit künftigem Lohn zu locken und durch künftige Strafe abzuschrecken, wo die Aussicht auf die diesseitige nicht mehr ausreicht, wie sie es denn hauptsächlich sind, welche Himmel und Hölle einerseits mit so bezaubernden, anderseits so abschreckenden, Farben ausgemalt, als zu Gebote standen, aus keinem irgendwie vernünftigen Grunde, als eben um zu locken und abzuschrecken; und man weiß, welch' ungeheure Wirkungen damit erzielt worden sind.

Priester und Regenten stehen an der Spitze des Volks, leiten die Erziehung desselben, ordnen den Unterricht an; und so sehen wir denn sogar solche, die selbst nichts glauben, Anstalten treffen, daß der religiöse Glaube im Volke erhalten und fortgepflanzt werde. Er ist Vielen nur eine politische Anstalt, die sie, unbekümmert um die Wahrheit des Geglaubten, aus keinem andern Grunde in Kraft erhalten, als weil sie solche nützlich finden. Wie viel Päbste mag es gegeben haben, die nichts glaubten, und doch die Ketzerei mit den Ketzern auszurotten strebten.

Napoleon glaubte sicher an nichts, als an seinen Stern und ließ doch die Religion nicht fallen. Und als sie zur. Zeit der Revolution gefallen war, nur noch der Cultus der Vernunft und Menschenrechte galt, wußte der oberste Vertreter dieses Cultus selbst denselben endlich nur mit Wiederaufrichtung der Religion zu halten.

Hören wir, was Robespierre im Convente zur schlimm= sten Schreckenszeit (7. Mai 1794), sich gleichsam gegen die Schatten der atheistischen Hebert und Cloots wen= dend, sagte*):

„Was konnte dich bewegen, dem Volke zu verkündigen, daß kein Gott sei? Warum ist es in deinen Augen nütz= lich, den Menschen zu bereden, daß eine blinde Kraft über sein Schicksal walte, und nach Willkühr bald das Laster, bald die Tugend bestrafe? daß seine Seele ein leichter Hauch sei, der sich an der Pforte des Grabes verliere? Flößt ihm etwa der Gedanke an seine Vernichtung reinere und erhabenere Gefühle ein, als der Gedanke an seine Unsterblichkeit? giebt er ihm mehr Achtung für seines Gleichen und für sich selbst? mehr Huldigung für das Vaterland? mehr Kühnheit, der Tyrannei zu trotzen? mehr Verachtung des Todes und der Wollust? Ihr, die ihr einen tugendhaften Freund beklagt, glaubt ihr nicht, daß der schönste Theil seines Wesens dem Tode entronnen

---

*) Beckers Weltgesch. XII S. 321.

ist? Ihr, die ihr am Sarge eines Sohnes oder einer
Gattin weint, laßt ihr euch von irgend einem Schwätzer
bereden, daß von ihnen nichts übrig bleibe als Staub?
Unglücklicher, der du unter den Streichen eines Mörders
fällst, ist dein letzter Seufzer nicht ein Anruf an die ewige
Gerechtigkeit? Die Unschuld auf dem Blutgerüst macht
den Tyrannen auf dem Triumphwagen erblassen. Würde
sie dieß können, wenn dasselbe Grab den Unterdrücker und
den Unterdrückten umschlösse? Unglücklicher Sophist, mit
welchem Rechte willst du der Unschuld das Scepter der
Vernunft entreißen, um es in die Hände des Lasters zu
legen, einen Trauerschleier über die Natur werfen, das
Unglück zur Verzweiflung bringen, das Laster aufmuntern,
die Tugend betrüben, die Menschheit herabwürdigen? Je
mehr Gefühl und Genie der Mensch vereinigt, desto fester
hängt er an Ideen, welche sein Wesen vergrößern und
sein Herz erheben. Und warum sollten solche Ideen nicht
Wahrheit enthalten? Ich wenigstens begreife nicht, wie
die Natur dem Menschen hätte Erdichtungen einflößen
können, welche nützlicher sind, als alle Wahrheiten. In
den Augen des Gesetzgebers ist Alles Wahrheit, was der
Welt nützlich und in der Ausübung gut ist. Der Gedanke
an ein höchstes Wesen und die Unsterblichkeit der Seele ist
eine ewige Auffoderung zur Gerechtigkeit; er ist also nicht
nur social, sondern auch republicanisch. Was wollen die
Verschwörer, die wir gestraft haben, an die Stelle des

Gottes setzen, den sie aus den Tempeln warfen? Was anders, als das Chaos, das Nichts, den Tod!"

Der Redner schloß seinen Vortrag mit dem Entwurfe zu einem Decrete des Inhalts: „das französische Volk erkenne das Dasein eines höchsten Wesens und die Un= sterblichkeit der Seele; es erkenne, daß die würdigste Ver= ehrung des höchsten Wesens die Ausübung der Pflichten des Menschen sei .... Sechsunddreißig Feste sollten ver= anstaltet werden, den Menschen an die Gottheit und die Würde seines Wesens zu erinnern," u. s. w.

So ward der Glaube an Gott und Unsterblichkeit nach dem reinen Nützlichkeitsprincipe wie andre allgemein nütz= liche Einrichtungen von oben herein decretirt. Und auch heutzutage ist nichts häufiger und oft nichts gerechter, als der Vorwurf gegen die Regierungen, daß sie diese oder jene religiöse Richtung begünstigen aus keinem andern Grunde, als weil sie den Regierungsinteressen mehr zu= sagt, das Volk sich damit am leichtesten wie eine Heerde zusammenhalten und leiten läßt.

Nun aber nützt die gesellschaftliche Ordnung, die des religiösen Glaubens bedarf, die Furcht vor einem Höchsten über dem Höheren nicht blos den Regenten und Priestern, sie nützt dem Volke selbst, oder sagen wir lieber, sie gereicht dem Volke zum Heile; sofern wir unter Heil einen Nutzen aus höchstem Gesichtspuncte verstehen, den man nicht mehr Nutzen zu nennen pflegt. Die Einsicht hievon und der

Gedanke, daß sich überhaupt höhere als zeitliche und irdi=
sche Güter an den Glauben für den Menschen knüpfen,
kann dann auch Priester und Regenten aus edlerem Motiv
bestimmen, und es ist mindestens so oft der Fall als aus
dem unedleren, den Glauben im Volke zu erhalten und
alle mögliche Anstalten dazu zu treffen. Das egoistische
und edlere Motiv begegnen sich in der That hier im Ziele
so, daß sie oft auch im Ausgange kaum zu unterscheiden sind.

Zu dem praktischen Motive treten dann auch die prak=
tischen Mittel der Verbreitung des Glaubens. Wohl mehr
Völker sind durch Feuer und Schwert als durch Ueber=
zeugung bekehrt worden, und konnten auch Feuer und
Schwert den Völkern die Ueberzeugung nicht einpflan=
zen, so doch die historische Fortpflanzung sichern. Die
Geschichte spricht von heidnischen Königen, die sich zum
Christenthum bekehrten, um eine christliche Fürstentochter
zu erlangen, das Volk mußte sich wohl oder übel mit be=
kehren; und noch heute bekehren sich Fürstentöchter von
einer Religion zur andern, um aus Prinzessinnen Kai=
serinnen zu werden. Priester knüpfen an die Ungläubigkeit
die Androhung ewiger Strafen, an die Gläubigkeit die
Verheißung künftigen Lohnes, und zwingen dadurch nicht
nur schwache Gemüther, sondern machen auch starke Geister
im Unglauben bedenklich. Ketzer werden verbrannt; die
orthodoxen Geistlichen bekommen die beßten Stellen. Und
wenn das Alles unmittelbar nur wenig wirkt, Glauben zu

erzeugen, so wirkt es außerordentlich viel, ihn historisch zu erhalten.

Zu allen diesen praktischen Motiven, von denen der Glaube seinen Ursprung und seine Verbreitung rechnet, tritt noch ein leichteres und das Schwere der andern Motive selbst erleichterndes, die Lust, mit welcher die schöpferische Phantasie der Dichter und der Künstler an der Gestaltung und Ausschmückung der Glaubensideen wirkt, und die leichte Eingänglichkeit, welche sie dadurch gewinnen. Vermögen sie doch nach solcher Gestaltung, sei es durch Schönheit oder durch Anregung und Beschäftigung der Phantasie, die selbst im Grauenhaften einen Genuß ihrer Bethätigung findet, die Lust, aus der heraus sie sich gestalteten, in den Gemüthern wieder zu erzeugen, indeß sie zugleich durch ihre anschauliche Ausprägung die Auffassung erleichtern, großen Gemeinschaften auf einmal mittheilbar und durch die Generationen fortpflanzbar werden. So daß auch hierin das historische und praktische Motiv zusammenwirkt.

Aber was hat denn, fragt man wieder, der ganze Glaube der Menschheit hienach für Werth und Bedeutung? der Glaube, den in der Hauptsache Priester und Regenten um ihres eigenen und des Volkes Vortheil willen gemacht und eingerichtet haben, wie er ihnen nun eben zum Vortheil zu gereichen schien, den Dichter und Künstler dann noch weiter nach ihrem Gefallen und zu des Volkes

Gefallen ausgeschmückt haben, wie es ihnen nun eben am beßten gefiel, und bei dem sich die Menschen um des Vortheils und Gefallens willen-befriedigen. Ist eine Sache darum wahrer, weil uns oder Andern der Glaube daran nutzt oder es uns zu glauben gefällt, sie sei wahr. Was hat Nutzen, Annehmlichkeit mit Wahrheit zu schaffen? Ist nicht vielmehr das Schlimmste, Unerwünschteste oft das Wahrste? Wenn Aeltern ein in der Ferne gestorbenes Kind noch lebend halten, dient ihnen dieser Glaube zur Befriedigung; ist er darum wahrer? So gut man ein Kind durch die Furcht vor Gott vom Bösen abhalten kann, kann man es durch die Furcht vor einem Popanz; ist also der eine Glaube wahrer als der andre? Ist nicht der Glaube der Menschheit wirklich wesentlich nur eine politische Institution und poetische Maschinerie, ruhend in einer Fiction, die, wie das Imaginäre in der Mathematik, brauchbare Folgerungen zeugt, darum aber nicht minder etwas Imaginäres bleibt.

Ja, kann man fragen, ist nicht der Nutzen selbst, um dessentwillen man den Glauben verbreitet, vielmehr ein eingebildeter als ein wirklicher, und also die Fiction, auf der man bei seiner Verbreitung fußt, eine doppelte; oder werden nicht wenigstens seine Vortheile von seinen Nachtheilen überwogen? In der That erinnerten wir schon, wie die Ungläubigen die Nothwendigkeit und Heilsamkeit des religiösen Glaubens für die Menschheit selbst bestrei-

ten. Der Hinblick auf die übersinnlichen Dinge führt nach
ihnen von dem rechten Achten auf die irdischen und Besor=
gen der irdischen ab, in denen sich doch unser Leben zu
bewegen hat; die Glaubensideen verführen den Geist, sich
von vernünftigen und erweisbaren Betrachtungen in hohle
Träumereien zu versenken; das Gefühl der Menschenwürde
und ein im Sinne desselben erzogenes Gewissen kann die
Antriebe ersetzen, die man im religiösen Glauben sucht;
das Handeln aus Rücksicht auf künftigen Lohn und künf=
tige Strafe widerstrebt einem reinen Moralprincipe; die
Gräuel, die im Namen der Religion verübt worden sind
und noch heute verübt werden, sind ein schlechter Beleg
für die Heilsamkeit des religiösen Glaubens. Bei der
Einnahme von Jerusalem durch die Kreuzfahrer wurden
Hunderttausend im Namen Christi abgeschlachtet. Der
dreißigjährige Krieg schauerlichen Andenkens ist im Na=
men der Religion geführt. Die Gefängnisse der Inqui=
sition, die Scheiterhaufen der Ketzer, die Verfolgungen
der Hugenotten, die Klöster vollgestopft mit müßigen
Mönchen und Nonnen, die Selbstquälereien der Fakirs,
Alles hängt am Glauben, dessen Segen man preist. Der
Nutzen für die Priester und Regenten wird nicht bestritten;
aber ist das Volk um ihretwillen da?

In alle dem liegt wieder von vorn herein viel Schein.
Um nun zu zeigen, daß sich dennoch auf das praktische
Motiv ein Argument stützen läßt, haben wir Zweies zu

zeigen: erstens, daß der Nutzen des Glaubens nicht blos
eingebildet oder von größeren Nachtheilen überwogen ist;
zweitens, daß, wenn nicht der Nutzen aber der Segen
des Glaubens wirklich für seine Wahrheit spricht; indem
wir unter Segen eben nur das Größte, Höchste und
Sicherstellendste dessen, was einzeln Nutzen heißt, verstehen.

Was nun das Erste anlangt, so läßt sich im Allgemeinen sagen, erstens, daß aller Schade, der von dem
religiösen Glauben in die Menschheit ausgegangen ist, an
dem hängt, was noch falsch im Glauben oder in falscher
Weise von ihm abhängig gemacht worden ist, und daß die
Nachtheile selbst nicht Grund sein können, den Glauben
zu verwerfen, sondern nur zu verbessern, wie sie denn
wirklich diese Wirkung von jeher im Ganzen und Großen
geäußert haben; zweitens, daß, so viel Thörichtes,
Falsches, Verwerfliches der Glaube eines Volkes auch noch
enthalten mag, es immer noch weit besser ist, als wenn
es gar keinen hätte; die Nachtheile würden damit nicht
abnehmen, sondern wachsen; drittens, daß die Ersatzmittel, die man für den Glauben vorschlägt, theils selbst
nur unter dem allgemeinen Einflusse desselben entstehen
konnten, theils die Wirksamkeit desselben nicht im Entferntesten erreichen und ersetzen können.

Alles das liegt freilich so am Tage, daß es des
Zeigens kaum bedarf, und alles Zeigen bei denen

7 *

nichts helfen kann, die nicht mit offnen Augen sehen wollen.

Unstreitig sind unzählige Greuel in Christi Namen verübt worden; sind sie aber auch in Christi Sinne verübt? Hätte Christus auch die Schlächtereien in Jerusalem, die Scheiterhaufen und Torturen der Inquisition und Heren= processe, die Greuel des dreißigjährigen Krieges gerecht= fertigt und vertreten? Unstreitig sind die Menschenopfer und Selbstpeinigungen in so vielen Religionen etwas sehr Schlimmes und Thörichtes; aber eben deßhalb werden sich diese Religionen nicht halten, sondern von einer Reli= gion der Liebe und Vernunft verdrängt werden, und sind zum Theil davon verdrängt. Im Sinne einer solchen sehe ich wohl wohlthätige Anstalten, mildthätig gestimmte Her= zen, die aufopferndste Thätigkeit für Andre, die höchsten Leistungen der Kunst, einen Schirm der Gesetze über dem menschlichen, aber nichts von jenen Nachtheilen, die man dem religiösen Glauben zur Last legt, und die doch blos seinen zeitlichen und örtlichen Mängeln zur Last fallen, von denen es eben nur gilt die Religion noch zu ent= lasten, eine Entlastung, die sich je länger je mehr durch die Wirksamkeit des praktischen Motivs selbst vollziehen muß.

Und meint man denn, daß die Greuel des dreißigjäh= rigen Krieges ohne eine christliche Religion, ohne eine Religion überhaupt, erspart worden wären? Sie würden

verewigt und gesteigert worden sein, denn es würde gar
nicht zu einem haltbaren gesellschaftlichen Zustande gekom=
men sein, es würde jeder beständig wider den andern sein;
und wirklich ist in jedem Volke jeder um so mehr wider
den andern, je weniger Religion es im Volke giebt; denn
alle allgemeinen Principien der Gesittung hängen mittelbar
oder unmittelbar mit der Religion zusammen.

Oder meint man, die Nachtheile eines ungeordneten
Zustandes würden sich doch so geltend machen, daß die
Menschen in jedem Falle auch ohne Religion zur Hebung
derselben getrieben werden würden. Aber das ist gerade
so, als wenn man sagen wollte, die Nachtheile, welche
vom Blutmangel im Körper abhängen, würden sich so
geltend machen, daß der Organismus sie auch ohne Blut
heben würde. Wenn es ohne den Glauben gienge, wür=
den sicher Napoleon und Robespierre jedes andre Mittel
eher als den Glauben dazu versucht haben. Aber der
crasseste Absolutist und Republicaner haben ihn gleich
nöthig gefunden, um Ordnung im Staate zu erhalten.

In Salzbacher's Reise nach Nordamerika (im J. 1842)
wird Folgendes berichtet: „Die Atheisten waren und sind
zum Theil noch Bewohner der Stadt New=Harmonie im
Staate Indiana an den Ufern des Flusses Wabash, der
sich in den Ohio ergießt, welches Staatgebiet Robert Dale
Owen käuflich an sich brachte, um mit einer Gesellschaft
von Freisinnigen, die sich ihm anschloß, von hier aus eine

Art Weltverbesserung zu bewirken, und seinen antireligiö=
sen Grundsätzen, die in England keinen Eingang fanden,
auf amerikanischem Boden Anhang, Dauer und Verbrei=
tung zu verschaffen. Er lehrte, daß alle Religionen auf
einem bloßen Wahn beruhen, so auch das Christenthum
nur Trug, dessen Ursprung eine Fabel sei und der reinen
Sittlichkeit und Entwickelung des menschlichen Geistes nur
Hindernisse bereite. Da er kein Local zur Verehrung eines
Gottes oder zu Versammlungen für religiöse Zwecke be=
durfte, so ließ er auch alsogleich die im Orte noch vorfind=
liche Kirche zu einer Werkstätte einrichten, und das daran
stoßende Gebäude zu einem Tanz= und Concertsaale so
wie zu einem Apartement für philosophische Vorträge um=
gestalten. Es fanden sich bald mehrerlei Personen beiderlei
Geschlechts, welche diese Glaubensansichten mit ihm theil=
ten, zumal er damit eine nicht eben rigoröse Moral ver=
band und vollkommene Gleichheit und Gemeinschaft der
Güter verkündigte. Enthusiasten, Landstreicher, Gauner
und faule Taugenichtse meldeten sich als Mitglieder der
Gesellschaft und ließen sich's eine Zeit lang auf gemein=
schaftliche Kosten wohlschmecken. Die Bessergesinnten,
welche das wenige mitgebrachte Geld verzehrt hatten,
fanden sich aber in ihren Hoffnungen getäuscht, wurden
mißmuthig, unzufrieden mit ihrem Loose und schieden aus
der Gesellschaft."

Und so wird jede atheistische Gemeinschaft enden; und

wenn doch freie Gemeinden, kümmerlich genug freilich,
innerhalb des Schooßes einer größern Glaubensgemein=
schaft hier und da bestehen — und wie lange werden sie
noch fortbestehen? — ist es nur, wie kleine Höhlungen
voll Pulver in einer festen Umgebung bestehen können.

Sogar in einer Zeit, unter einem Volke, wo kein
Einzelner mehr etwas glaubte, würde doch die Festhaltung
der Formen des Glaubens im Staate noch dienen können,
einen freilich schwachen Halt dafür zu gewähren; das
Gefühl dieser Schwäche würde aber immer wieder zur
Stärkung des Glaubens und damit zu einem stärkern
innern Halte führen und hat oft dazu geführt in Zeiten,
die jenem Extrem entgegenzugehen schienen.

Freilich, wie der Segen eines wahren und guten reli=
giösen Glaubens jeden andern Segen übersteigt, so sind
auch die Nachtheile eines falschen größer, weitergreifend
und tiefer greifend als die jedes andern Glaubens; und
dieß ist es, was macht, daß man dem religiösen Glauben
so viel zur Last legen kann. Aber selbst beim schlechtsten
religiösen Glauben, der noch diesen Namen verdient, ist,
sage ich, der Vortheil im Ganzen größer, als der Nachtheil
im Einzelnen; es ist besser für ein Volk, überhaupt etwas
zu glauben, was einen Halt, eine Hoffnung, eine Hülfe,
ein Band über dem irdischen und zeitlichen bietet, als
nichts zu glauben, was sich nicht weisen und beweisen
läßt.

Die englische Regierung an der Goldküste nahm einst Anlaß, in einer großen Versammlung der Neger das Lug- und Trugsystem ihrer Fetischpriester durch in die Augen springende Beweise aufzudecken. „Der Eindruck, so schließt ein Bericht darüber, den es auf die Gemüther machte, war ein gewaltiger. Man konnte unmöglich die einzige Stutze, den Stab dieser Leute so gebrochen sehen, ohne mit ihnen Mitleid zu haben. Viele verließen das Schloß traurig und niedergeschlagen und man hörte sie zu einander sagen: was können wir jetzt thun in Krankheiten und Noth? an wen können wir uns um Hülfe wenden? unsre Götter sind keine Götter und die Priester haben uns betro- gen ...“ Aus Cruikshank's Gold-Coast, Ausland 1854. Nr. 9.

Also fanden die Neger selbst noch in ihrem so ganz rohen Glauben einen Halt, den sie freilich mit einem unsäglich bessern vertauschen und den sie doch nicht missen konnten, ohne sich ganz gebrochen zu fühlen. Was aber wird im selben Sinne ein besserer Glaube leisten können!

Sehen wir näher zu, so sind die Vortheile, der Segen, das Heil, die aus einem guten Glauben kommen — nur einen solchen aber zu schützen und zu stützen kann zuletzt die Aufgabe sein — überhaupt doppelt aus doppeltem Ge- sichtspuncte. Einmal nämlich findet die Gesammtheit in solchem Glauben einen Einigungspunct, zweitens jeder Einzelne einen Haltpunct und Zielpunct; einmal liegt

in der Einigkeit, dem Halt, dem Ziele an sich ein Vortheil
vor dem Zerwürfniß, dem Schwanken, dem Blick und
Wege ohne Ziel, ein zweiter aber darin, daß Einigung,
Halt, Ziel nun auch in gutem Sinne und in guter Rich=
tung stattfinden. Alle diese verschiedenen Vortheile oder
vielmehr Seiten des Glaubenssegens aber hängen durch
Wechselbedingtheit und aus dem gemeinsamen Gesichts=
puncte zusammen, daß sie alle nach höchsten und letzten
Beziehungen für den Menschen und die Menschheit gelten.

Gar leicht aber werden sie verkannt, weil man sie nicht
da sieht oder sucht, wo sie liegen. Der Einzelne achtet
wenig auf die ins Ganze gehenden Vortheile, an denen
er doch selbst täglich, wenn er auch keinen Tag daran
denkt, Antheil hat, weil sich der Antheil nicht einzeln für
ihn herausstellt; und Mancher sieht den großen Vortheil,
den der Glaube ihm auch im Einzelnen leisten könnte,
nicht ein, weil er ihm nicht einmal den kleinsten leistet, da
er doch nur den größten leisten kann, sofern er verzichtet,
auch den kleinsten zu leisten. Denn als Glaube an die
höchsten und letzten Dinge gewährt er eben auch nur Vor=
theile nach höchsten und letzten Beziehungen; im Niedri=
gen, Engen, Kurzen, Kleinen muß man sie nicht suchen.
Statt Vortheile kannst du immer setzen Heil und Segen.

Der Glaube füllt nicht den Löffel, nicht den Teller,
aber die Schüssel. Er knüpft, ist er anders der rechte, ein
Band zwischen allen Menschen über allen menschlichen

Banden, hält ein Gesetz aufrecht über allen menschlichen
Gesetzen, heiligt den Halt der menschlichen Gesetze selbst,
gewährt im Eide dem Rechte seine letzte Zuflucht, giebt
dem Ehebündnisse die erste, dem Aelternsegen die letzte,
dem Königthum die höchste Weihe; er bietet der Wissen=
schaft und Kunst die höchsten Aufgaben, Gesichtspuncte
und Ideen; bringt Ruhe, Sicherheit, Hoffnung, Ver=
trauen in das ganze Leben des Einzelnen; tröstet den
Menschen, wo kein irdischer Trost mehr reicht, rettet ihn
von Selbstmord und Verzweiflung; aber er giebt dem
Hungrigen kein Brod, er füllt nicht den Seckel, er macht
kein Vergnügen.

Im Gegentheil, der religiöse Glaube fodert tausend
Opfer, Opfer an Zeit, Opfer an Gedanken, Opfer an
Mitteln, die wir den irdischen Geschäften, dem irdischen
Erwerbe entziehen müssen. Es gilt, Schulen und Kirchen
zu erhalten, Pastoren zu besolden, in die Kirche zu gehen,
zu beten und zu singen; bei alle dem kommt nichts heraus;
auf wie viel Nützlicheres ließen sich Zeit, Mittel und Ge=
danken wenden. Aus einer Kirche könnte man viel Häuser
bauen, der Prediger könnte, statt von der Arbeit Andrer
zu zehren, Andern arbeiten helfen oder sie arbeiten lehren.
Ja, und wie viel nützlicher ließen sich die Steine verwen=
den, die man in den Grund des Hauses legt, wo sie Nie=
mand nützen; man könnte das Haus dafür um ein ganzes
Stock höher bauen; es würde nur einfallen; und so würde

auch das Gebäude der menschlichen Gesellschaft einfallen,
wenn man ihm den religiösen Grund entzöge, der freilich
so tief greift, daß die Meisten, die im Gebäude wohnen,
ihn gar nicht sehen.

Ich las einmal eine Geschichte, genau weiß ich sie nicht
mehr; auch kommt nichts darauf an. König Alexander
bekam von einem Barbarenkönige drei Jagdhunde von
edelster Race geschenkt. Er ließ den einen in seinen Thier-
zwinger und ließ ein Reh dazu; der Hund blieb ruhig
liegen; und Alexander im Zorne über das träge Thier
befahl den Hund zu tödten. Eben so gieng es mit dem
zweiten; den dritten sparte er noch. Als es der Barbaren-
könig hörte, sprach er zu Alexander: „du ließest ein Reh in
den Zwinger; laß einen Löwen oder Tiger hinein, und
du wirst sehen, was du an dem Hunde hast". So bleibt
der religiöse Glaube müßig bei des Lebens Kleinigkeiten,
und erwacht zu um so größerer Thatkraft, je Größeres
es gilt.

Wer da glaubt, daß es einen Gott giebt, der, nicht
im Momente aber im Laufe der Zeiten, Alles zum Beßten
lenkt, die widerstrebenden Kräfte endlich zwingt und bannt,
das Uebel selbst gar zuletzt zum Mittel des Besseren macht,
an einen Gott, der, so groß das Uebel sein mag, so größere, vom Dießseits in das Jenseits hinüberreichende,
Mittel, es zu wenden, auszulöschen, zu versöhnen, und
einen Willen und eine Weisheit, die damit Hand in Hand

geben, hat, der hüllt sich in Sturm und Hagelschlag,
welche die Felder seines Glücks verwüsten, in das Vertrauen auf Gott wie in einen Mantel, und weiß, die
Sonne am Himmel, die deßhalb nicht erloschen ist, wird
um so heller wieder scheinen; wer nicht an Gott glaubt,
steht schutzlos da, zieht sich in sich zusammen, und sieht
verzweifelnd oder resignirt auf sein zerbrochenes Thermo-
meter und Barometer, deren Führung ihm die Führung
des Himmels ersetzen sollte. Und sicher für den Tag, die
Stunde, den Umkreis, den das irdische Auge ermißt, ist
auch das Vertrauen auf die irdischen und zeitlichen Hülfs-
mittel das beßte, und eben so irrte, wer sie durch das
Vertrauen auf Gott ersetzen wollte. Aber über alles im
Einzelnen Berechenbare hinaus geht es im Ganzen unbe-
rechenbar her in der Welt, wo nur noch eine Rechnung
Stich hält, Sicherheit und Trost giebt, die Rechnung auf
ein höchstes bewußtes Walten, was im Ganzen und im
Laufe der Zeiten Alles zum Beßten lenken will und kann.

Wahr ist's, die Principien der Humanität, das Gefühl
der Menschenwürde vermögen bis zu gewissen Gränzen ein
gutes praktisches Ersatzmittel bei Einzelnen, die keinen
Glauben haben, zu gewähren. Es giebt sittlich untadel-
hafte, für das Wohl ihrer Mitmenschen thätige, Menschen,
die weder an Gott noch Unsterblichkeit glauben. Aber
einmal sind dies vielmehr Ausnahmen als Regel; die
Mehrzahl der Atheisten sind verworfene Menschen und

Verworfenheit und Glaubenslosigkeit hängen so gewöhn=
lich zusammen, födern und steigern sich wechselseitig so,
daß Verworfenheit und Gottlosigkeit als gleichbedeutend
gilt. Zweitens hätten sich jene Principien der Humanität,
jenes Gefühl der Menschenwürde, welche die Religion
ersetzen sollen, gar nicht entwickeln können, als durch Auf=
wachsen und Erziehung in einem Volke, dem sie von der
Religionsseite her geläufig worden sind. Mögen sie, die
an solche Ersetzlichkeit glauben oder glauben machen wollen,
doch in Psychologie oder Geschichte nachsehen, ob das Er=
satzmittel ohne das, was es ersetzen soll, entstehen konnte,
sich halten konnte oder wo gehalten hat. Vielmehr sehen
wir allwärts die ganze Humanität mit der Religiosität im
Zusammenhange stehen, steigen, verfallen, fallen.

Der Luft wird es nicht gedankt, daß sie zum Athmen
allwärts verbreitet ist, der Sonne nicht, daß sie hell macht,
der Religion nicht, daß sie die menschliche Gesellschaft hält.
Die gesellschaftliche Ordnung ist ja da; so hält man es für
selbstverständlich, daß sie da ist. Wozu die Luft, wenn
man den Athem hat; wozu die Religion, wenn man die
Humanität hat!

Gewiß ist, daß manche Gefühle ohne den Glauben an
Gott im Menschen gar nicht entstehen könnten, und eben
so gewiß, daß eben diese Gefühle es sind, in denen sich
der Mensch am meisten gehoben fühlt und die ihn zu den
größten, beßten, schönsten Thaten begeistert haben. Nun

ist es doch eigen, den Menschen auf das Gefühl der Men=
schenwürde zu weisen, und das abzuschneiden, worin das
menschliche Gefühl selbst die größte Würde erlangen kann.
So schön, so herrlich die Gefühle der Liebe, des Vertrauens
sind, die wir zu Aeltern, Geschwistern, Freunden, zu einem
vor Allen geliebten Wesen tragen; die Gefühle, die wir
zu Gott tragen, glauben wir anders recht an Gott, ragen
darüber hinaus, wie die Schirmpalme über Blumen und
Gras, und sind mit Nichts von alle dem zu vergleichen,
zu beschaffen und zu ersetzen; und das geliebteste Wesen
selbst kann dich in den Zeiten der höchsten Noth nicht an
den Glauben an sich und dich, sondern nur an Einen, der
über beiden Meister aller Noth, verweisen.   Im Glauben
an einen solchen Meister sehen wir manche gottvertrauende
Menschen durch Dick und Dünn gehen, sicher eines guten
Zieles, wenn sie in gutem Sinne gehn, und sich jeden
Abend mit dem Bewußtsein und Gefühle, in Gottes Hand
zu stehen, niederlegen und in solchem Glauben endlich ster=
ben.   Ein erhabener Anblick!   Hiegegen halte den, der
sich im Gefühle seiner Menschenwürde ohne den Glauben
an höhern Schutz und künftiges Dasein niederlegt und
stirbt.   Ein trauriger Anblick!

Die Verneter des Humanitätsprincipes sind keine
Kunstverächter: die Kunst gehört ja zu den beßten Bil=
dungsmitteln des Menschen, zu den wichtigsten Momenten
der Humanität selbst.   Nun wohlan, setzen sie ihr Princip

der Humanität an die Stelle des religiösen Glaubens, und sehen, was von der Kunst und der Begeisterung des Künstlers noch übrig bleibt. Alle Dome werden stürzen oder nie entstanden sein; die griechischen Götterbilder, Muster aller Zeiten, konnten niemals existiren; für die Größe eines Raphael und Michel Angelo war kein Stoff mehr gewachsen; eine kalte Historienmalerei wird das Höchste der Kunst; denn alle Wärme selbst der profanen Geschichtsdarstellung hat doch ihren verborgenen Quell im Glauben an eine mehr als blos menschliche Fügung; und sehen wir näher zu, so hat sich überhaupt die ganze Kunst von religiösen Anfängen aus entwickelt. Nun mag man immerhin zugestehen, weder die griechischen Götterbilder, noch die christlichen Madonnen haben jemals im Urbild existirt; aber der Glaube an ein höheres geistiges Dasein über den Menschen mußte überhaupt existiren, um diese Blüten der Kunst, ja die Kunst selbst hervorzutreiben.

Zwar, wie die Kunst aus dem Glauben erwächst, wächst der Glaube hinwiederum durch die Kunst; wir haben es schon zugestanden, aber sie kann ihn eben nur wachsen lassen, nicht schaffen, und bedarf dazu des schon vorhande= nen Stammes. Und alle Sprossen, welche die bloße Phantasie des Künstlers hervorgetrieben, behalten ihre Triebkraft höchstens einen Glaubenssommer lang, dann welken sie oder bleiben nur noch als Schmuck des alten

Stammes stehen; und zu neuen Sprossen bedarf es neuer
Aeste aus dem Stamme.

Mehr als das bloße Humanitätsprincip mag der
Glaube an eine im Ganzen gute Weltordnung ohne einen
persönlichen bewußten Vertreter dieser Ordnung leisten,
die Leistungen des religiösen Glaubens an einen solchen
Vertreter zu vertreten, nur nicht das Werthvollste und
Beßte. Indem er mit Begriffen die unersetzlichsten Ge=
fühle zu ersetzen sucht, kann er den Geist nicht in gleicher
Weise erheben, füllen, zu Opfern der Liebe treiben, zu
Werken der Kunst begeistern. Denn es liegt in der Natur
der Sache, daß die höchste Steigerung des Bewußtseins
nur in der Richtung auf ein höchstes Bewußtsein über
allem Bewußtsein stattfinden kann, und Alles, was man
dafür setzen will, ist kaltes Wasser in das Feuer.

Es ist in dieser Hinsicht mit dem Glauben an einen
bewußten Geist über mir ja gar nicht anders, als an
bewußte Geister neben mir, sondern dasselbe nur in höherm
Sinne. Vom Bewußtsein andrer Menschen sehe ich so
wenig, als vom Bewußtsein Gottes. So wenig aber der
Glaube, daß Aeltern, Geschwister, Freunde ein Bewußt=
sein gleich mir haben, praktisch durch den Glauben vertreten
werden könnte, daß sie sich blos im Sinne einer zweckmä=
ßigen Weltordnung so unter einander und gegen mich
benehmen, wie sie thun; die werthvollsten Gefühle und
Antriebe würden damit verloren gehen, so wenig kann der

Glaube, daß es einen Gott mit einem Bewußtsein von
Allem und über Allem giebt, durch den Glauben an
irgendwelche noch so zweckmäßige bewußtlose Weltordnung
vertreten werden; der Gipfel aller jener Gefühle würde
damit verloren gehen.

Und so wenig als für einen bewußten Gott mit Be=
ziehungen zu unserm Bewußtsein, ist für den Glauben an
ein bewußtes künftiges Leben mit Beziehungen unsers
jetzigen Lebens dazu ein Surrogat zu finden, was densel=
ben aus praktischem Gesichtspuncte ersetzen könnte, ja was
nur im Entferntesten das Gleiche zu leisten vermöchte.
Am Beispiele der Assassinen sahen wir, was der schlechtste
Glaube an ein Jenseits für Wirkungen zu leisten vermag,
die schlechtsten freilich, aber stärksten; so vermag der beßte
Glaube an ein Jenseits die beßten zugleich und stärksten
Wirkungen zu erzeugen und hat sie erzeugt. Der Gedanke
an Nachruhm kann etwas leisten; ich leugne es nicht; aber
wie schwach ist der Gedanke, daß Andre mit Liebe, Ach=
tung, Verehrung unsrer, der auf ewig Todten, denken
werden, gegen den Gedanken, daß wir selbst denken, mit
denen, mit denen wir jetzt leben, wieder leben und der
Folgen unsres Handelns selbst theilhaftig werden.

Alles zugestanden aber, was der Glaube Gutes hat
und wirkt, so fragt sich endlich nochmals: was beweist's
für seine Wahrheit? was geht die Güte eines Glaubens
seine Wahrheit an? sind das nicht zwei ganz incongruente

Dinge? man muß die Wahrheit unbefangen und ohne
Rücksicht auf die Folgen dessen, was man findet, suchen;
nur so kann man hoffen, sie zu finden. Wo Interesse ins
Spiel kommt, wird der Mensch blind.

So hör' ich vielfach sagen, und vielfach geht die Forschung in diesem Sinne, um des Interesse der Wahrheit
willen abseits von Allem, was des Menschen wahres Interesse will, als wenn sich Beides je widerstreiten könnte.
Und andremale ergeht man sich doch auch wieder in hohen
Reden über die Einstimmung der Güte, Schönheit, Wahrheit in ihren letzten Gründen; es bleiben Reden, weil
man den Gesichtspunct und Kern der Einstimmung nicht
hat und sieht.

Freilich, wo das Interesse des Menschen ins Spiel
kommt, wird er blind gegen die höchsten Wahrheiten; aber
nicht darin liegt seine Blindheit, daß er seinem Interesse
im Gegensatz der Wahrheit folgt, sondern daß er seinem
Interesse nicht genug folgt, indem er kurzen engen niedrigen Interessen auf Kosten der größern höheren weiteren
dauerndern folgt, in welchen zuletzt der Halt, die Sicherstellung, der Grund von jenen selber ruht; oder daß er
seinem Einzelinteresse im Gegensatz des allgemeinen folgt,
was sein und Aller Interesse zusammenhängend inbegreift;
nur so geräth er in Gegensatz mit der Wahrheit.

Ueberall finden wir doch sonst, daß die richtigste
Kenntniß von dem, was ist, dem Menschen auch praktisch

am beßten dient, ihn am beßten führt. Wie sollten wir
nicht umgekehrt schließen, daß das, was dem Menschen
am beßten dient, ihn am beßten führt, auch am wahrsten
ist. Wir finden dieß Princip um so mehr bestätigt, in je
weiterer Ausdehnung wir seine Bestätigung suchen, je mehr
wir damit vom Einzelnen auf's Ganze gehn, und können also
seine sicherste Bestätigung erwarten, wenn wir damit auf's
volle Ganze gehen. Ein einzelner Irrthum kann einen
einzelnen Menschen zeitweis befriedigen; je weiter sich ein
Irrthum verbreitet, je mehr Menschen in seinem Sinn
fühlen, denken, handeln, je weiter und tiefer seine praktischen Consequenzen greifen, je dauernder er sich in solchen
entwickelt, desto größer, tiefgreifender werden seine Nachtheile für Alle. Das ist nicht wüste Metaphysik, leeres
Begriffsspiel, plumper Dogmatismus, sondern einfach
klarer Ausspruch einer allgemein gültigen Thatsache. Das
Gegentheil ist von der Wahrheit auszusagen. Und hienach
wird am gewissesten die Wahrheit dessen sein, was, als wahr
von Allen angenommen, das Wollen, Denken, Fühlen
Aller so bestimmt, daß daraus die heilsamsten, segensreich-
sten Folgen für Alle, für die gesammte Menschheit hervorgehen. Solchen Glauben nennen wir den beßten, und
also muß der beßte Glaube auch der wahrste sein. Sofern
aber der beßte Glaube ein Ideal für die Menschheit ist,
wird ein Glaube sich dem Ideal der Wahrheit um so mehr
nähern, je mehr er sich dem Ideal der Güte nähert.

Unstreitig wird der Glaube, den Aeltern hegen mögen,
ein in der Ferne gestorbenes Kind lebe noch, nicht dadurch
wahrer, daß er die Aeltern tröstet. Trägt er aber auch mit
dieser einzelnen Leistung den Charakter der Wahrheit, den
das praktische Princip fodert, dem nicht an einzelnen
Leistungen genügt? Vielmehr wenn alle Menschen ins
Unbestimmte im Glauben denken, handeln sollten, der
Gestorbene lebe noch, so würden daraus überwiegende
Nachtheile erwachsen, so größere, je länger und je mehr
sie dem Glauben auch praktisch Folge gäben, und jener
Trost der Aeltern selbst würde auf die Länge nicht Stand
halten. Das hängt an seiner Falschheit. Und um so mehr
müßten überwiegende Nachtheile erwachsen, wenn alle
Menschen ins Unbestimmte hin im Glauben denken, han=
deln sollten, es lebe ein Gott, der nicht wirklich lebt, und sie
selber werden künftig leben, statt daß sie wirklich todt sein
werden; der Trost, den die Menschheit eine Zeit lang daraus
schöpfte, würde auch nicht Stand halten. So ungeheuer
viel größer der Irrthum wäre, an einen lebendigen Gott
und ein ewiges Leben Aller zu glauben, als an einen ein=
zelnen lebendigen Menschen und sein zeitliches Leben, so
ungeheuer viel größer müßten die Nachtheile für Alle sein,
und je mehr er sich verbreitete und je fester er wurzelte, so
mehr müßten sie wachsen. Aber gerade im Gegentheil,
die größte Verbreitung, längste Dauer, größte praktische
Wirksamkeit des Glaubens an Gott und Jenseits bringt

den größten, durch nichts Andres erseßlichen, Segen, und
je länger er bestanden hat, so mehr gewinnt er Bestand.

Dem vorigen Principe widersprechen, heißt, mit der
allgemeinsten Erfahrung, die wir machen können, zugleich
jeder vernünftigen Deutung, die wir ihr geben können,
widersprechen.

Welche Macht immer den Menschen geschaffen haben
mag, Thatsache ist's, sie hat ihn so geschaffen, daß er
bestehen und sich gedeihlich entwickeln kann; aber nur,
wenn er sich gemäß dem Zusammenhange benimmt, in
dem er geschaffen ist; wo nicht, so wird er durch Nach=
theile dazu getrieben; und sein Geist selbst muß ihm helfen,
sich so zu benehmen, indem er seine Rechnung auf das
stellt, was in diesem Zusammenhange ist und sein wird.
Meint man, jene Macht habe ihn zugleich so geschaffen,
daß er doch nur recht bestehen und sich recht entwickeln
kann, wenn er ausnahmsweise in Bezug auf sie selbst, die
schaffende Macht und seine, des Menschen, letzte Ziele
seine Rechnung auf etwas stellt, was nicht ist noch sein
wird, und könne es überhaupt im Sinne einer geistlosen
Macht liegen, Geschöpfe mit solcher Einrichtung zu schaf=
fen, daß sie ohne den Glauben an einen schöpferischen
Geist nicht recht bestehen können? Es wäre zu absurd;
doch halten Manche diese Absurdität für Weisheit.

Ich las einmal, wie die Larve des Hirschhornkäfer=
männchens sich bei ihrer Verpuppung ein größeres Gehäuse

baue, als sie zur Ausfüllung mit ihrem zusammengekrümm=
ten Leibe brauche, damit die dereinst sich entwickelnden
Hörner auch noch Platz haben. Was weiß die Larve von
ihrem künftigen Leben, ihren künftigen Hörnern, so wenig,
als wir von unserm künftigen Leben und unsrer künftigen
Weise des Seins darin; doch richtet sie ihr Haus schon
jetzt darauf ein, und vermöchte sich ohne das auch bis
dahin nicht recht zu entwickeln. Meint man, dieselbe
Macht, die den Hirschhornkäfer und den Menschen schuf,
habe dem Käfer Wahrheit in den Instinct und dem Men=
schen Lüge in den Glauben gelegt, der ihn sein jetziges
Leben schon in der Richtung auf das künftige erbauen und
weiter anlegen läßt, als es sonst der Fall sein würde,
einen Glauben, der eben so nothwendig in der Menschheit
sich entwickelt und zur Entwickelung der Menschheit nöthig
ist, als jener Instinct in der Larve sich entwickelt und zu
ihrer Entwickelung nöthig ist.

Freilich, in jedem einzelnen Menschen entwickelt sich
nicht so nothwendig der Glaube an Unsterblichkeit, als in
jedem einzelnen Hirschhornkäfer der Instinct. Aber in der
Menschheit entwickelt er sich doch so nothwendig, und
darin eben steht er über dem Instinct, daß er sich aus dem
Zusammenhange bewußten Lebens heraus bezüglich des
allen gemeinsamen End= und Zielpuncts dieses Lebens
entwickelt, was denselben letzten Grund hat, als das Leben
des Käfers und sein Instinct.

Nach all' diesem resumire ich wie folgt erst das praktische Motiv, dann das praktische Argument *).

Der Mensch glaubt an das Dasein Gottes und was
damit zusammenhängt, weil dieser Glaube dem Menschen so im Einzelnen wie der menschlichen Gesellschaft im
Ganzen vortheilhaft, heilsam, segenbringend, praktisch
nothwendig, ist, weil weder der Mensch im Einzelnen noch
die Menschheit im Ganzen ohne ihn gedeihlich bestehen
und sich gedeihlich entwickeln kann, der Mensch im Einzelnen einen bis zu den äußersten Fällen reichenden Anhalt,
die menschliche Gesellschaft den allgemeinsten und bindend-
sten Halt, alles irdisch-menschliche Interesse überhaupt
Gipfel und Ziel in ihm findet. Indem der Mensch dieß
theils unbewußt fühlt, theils bewußt einsieht, wird theils
der Einzelne angetrieben, mit dem Glauben der Vortheile
desselben sich theilhaftig zu machen, theils entsteht dadurch
für die, welche größern und kleinern Kreisen der menschlichen Gesellschaft vorstehen, wie Aeltern, Lehrer, Regenten
ein Antrieb, denselben in diesen Kreisen fortzupflanzen,
zu erhalten und selbst darüber hinaus zu verbreiten; für
solche aber, deren Geisteskraft, Intelligenz und Güte der
der andern vorauseilt, den Glauben in solchem Sinne
weiter auszubilden, daß er als ein segensreicherer auch

---

*) Es folgen hier wesentlich dieselben Sätze, die ich schon in
Zend-Avesta II. S. 251 nur ohne die Vorerörterungen gegeben.

leichter eingänglich werde; auf welche Weisen dieß Motiv
mit dem historischen zusammenwirkt und demselben in die
Hände arbeitet.   Kurz der Mensch glaubt an Gott und
was damit in der Religion zusammenhängt, weil er den
Glauben daran braucht und der Glaube daran dem Menschen dient.

Daß aber dieser Glaube ein wahrer sei, begründet sich
wie folgt mit folgenden Consequenzen:

1) Jede irrige oder mangelhafte Voraussetzung erweist
sich dadurch als eine solche, daß sie, als wahr angenommen, durch den Einfluß, den sie auf unser Denken, Fühlen
und Handeln gewinnt, Nachtheile nach sich zieht oder dem
menschlichen Glücke Abbruch thut, indem sie uns in wider-
wärtige Stimmungen und verkehrte Handlungen verwickelt,
die theils unmittelbare Unlust, Unbefriedigung, theils
mittelbar Unlustfolgen mit- und nachziehen, dagegen die
Wahrheit einer Voraussetzung sich durch das Gegentheil
von all' diesem als solche erweist.   Dieser Satz bewährt
sich um so mehr, je größern Einfluß Irrthum oder Wahrheit auf unser Fühlen, Denken, Handeln gewinnt, auf
einen je größern Umkreis von Menschen und je längere
Dauer er sich erstreckt, während ein Irrthum ohne erheb-
lichen Eingriff in unser übriges Fühlen, Denken, Handeln, für einen einzelnen Menschen oder kleinen Umkreis
von Menschen und auf kurze Zeit auch wohl befriedigend
und selbst nützlich erscheinen kann.   Nun zeigt sich aber

gerade, daß der religiöse Glaube, abgesehen von der theo=
retischen Befriedigung, die er zu gewähren vermag, auch
sonst um so größere, wichtigere und weitergreifende Vor=
theile, der Unglaube aber Nachtheile für die Menschheit
und den einzelnen Menschen mitführt, je weiter oder tiefer
dieser Glaube oder Unglaube in das Gemüth und die
Handlungsweise der Menschen bestimmend eingreift, und
auf je längere Dauer er sich forterstreckt, woher es eben
rührt, daß der Unglaube sich gar nicht auf die Dauer in
großem Umkreise erheblich geltend erhalten kann. Also
trägt der Glaube, daß die Gegenstände des religiösen
Glaubens existiren, das Merkmal der Wahrheit an sich.

2) Die nähere Gestaltung dieses Glaubens tritt unter
dasselbe Princip. Sofern sich findet, daß eine Gestaltung
des religiösen Glaubens um so mehr zum Glücke der
Menschheit beiträgt, je mehr, je länger und in je weiterm
Umkreise sie Einfluß auf das Fühlen, Denken, Handeln
gewinnt, so ist diese Gestaltung oder Seite der Gestaltung
des Glaubens als wahr anzusehen, im Gegenfall als falsch
oder mangelhaft, so daß nach Allem nur der Glaube als
der wahrste gelten kann, welcher der Menschheit nach der
Gesammtheit ihrer Beziehungen am heilsamsten ist.

3) Im Gange der Entwickelung des Glaubens kann
es allerdings geschehen und ist oft geschehen, daß der
Glaube theils zum zeitlichen Vortheile Einzelner, theils
aus untriftiger Ansicht von dem, was dem Ganzen frommt,

theils vermöge scheinbaren Conflicts mit theoretischen
Gründen, irrige und hiemit der Menschheit unzuträgliche,
Gestaltungen annimmt. Der Mensch beginnt überhaupt
damit, Particulär = Interessen zu haben und den dadurch
gestalteten Glauben für den beßten zu halten, zu erklären,
und selbst Andern einzupflanzen und aufzudringen. Aber
nach Maßgabe als die Vortheile des Wahren und Nach=
theile des Falschen immer weiter in Zeit und Raum grei=
fen, treffen sie, wie schon beim historischen Princip gezeigt,
immer mehr und schwerer alle Einzelnen, die den wahren
oder falschen Glauben haben, und befestigen jene in der
richtigen Erkenntniß, bringen diese zurück von der falschen,
und helfen oder wehren der ferneren Verbreitung, so daß
zuletzt nur der Glaube übrig bleiben kann, welcher alle
Einzelinteressen am beßten und vollkommensten zu einem
Allgemeininteresse verknüpft.

4) Sofern als das Beßte für den Menschen zu gelten
hat, was der Menschen Befriedigung, Glück, Wohl nicht
blos nach einzelnen Beziehungen, auf kurze Zeit, für ein=
zelne Fractionen, sondern nach allen Seiten des mensch=
lichen Wesens, für die Gesammtheit der Menschheit, auf
unbegränzte Dauer, mit Hinblick auf alle Folgen, am
meisten zu sichern und zu födern geeignet ist, wird der in
voriger Weise begründete wahrste Glaube zugleich der beßte
genannt werden können, und überhaupt aus der Güte des
Glaubens der Schluß auf seine Wahrheit sich machen lassen.

5) Hiemit tritt die Entwickelung und Gestaltung der religiösen Ideen zugleich in den harmonischsten und prak=tischsten Zusammenhang mit der Gestaltung der Moral und des ganzen Lebens, weil auch die Tendenzen der Moral und des Lebens dahin gehen, das geltend zu ma=chen und zu erhalten, was der Menschheit am heilsamsten und gedeihlichsten *). Die religiösen Ideen treten aber nach der Gestaltung, die sie unter dem Einflusse des prak=tischen Princips annehmen, selbst als die wichtigsten Be=dingungen einer gedeihlichen Gestaltung der Moral und des Lebens auf, weil der Gesichtspunct ihrer Gestaltung ja eben der ist, das in ihnen als gültig anzusehen, was aus oberstem Gesichtspuncte den allgemeinsten und durch=greifendsten heilsamen Einfluß auf das gesammte Mensch=liche haben muß.

6) Man kann das vorige Argument mit folgendem in Beziehung setzen oder in folgendes umsetzen.

Wir würden den religiösen Glauben nicht brauchen, wenn die Gegenstände desselben nicht wären. Denn, wenn der Mensch den Glauben daran gemacht hat, weil er ihn braucht, so hat er den Umstand selbst nicht gemacht, daß er den Glauben daran zu seinem gedeihlichen Bestande braucht und demgemäß ihn durch das Bedürfniß zu machen genöthigt ist. Die Erzeugung dieses Glaubens durch den

---

*) Vgl. „Ueber das höchste Gut."

Menschen muß also in derselben realen Natur der Dinge
begründet sein, welche den Menschen mit seinen Bedürf=
nissen selbst erzeugt hat. Es hieße aber theils, der Natur
der Dinge eine Absurdität beilegen, theils läuft es gegen
die Erfahrung, so weit sich solche machen läßt, daß die
Natur den Menschen darauf eingerichtet hätte, nur mit
dem Glauben an Etwas gedeihen zu können, was nicht
wäre.

Ueberhaupt, wenn irgend etwas erfahrungsmäßig be=
währt ist, so ist es das praktische Argument des Glaubens.
Und so sicher wir das Gravitationsgesetz danach, daß es
sich so weit bewährt, als Erfahrung reicht, auch da noch
gültig halten, wohin sie nicht mehr reicht, dürfen wir auch
jenes Argument in diesem Sinne ohne Schranken gültig.
halten. Und eben damit wird es uns von so großer Wich=
tigkeit, daß es uns nach seiner allgemeinen Bewährung
durch Erfahrung, so weit sie reicht, die Bewährung alles
dessen, was aus ihm folgt, durch Erfahrung in Gebieten
vertritt, wohin die Erfahrung nicht mehr reicht, und hiemit,
was dem theoretischen Schlusse zum eracten fehlt, durch die
Eractheit eines praktischen ersetzt.

Wie viel von theoretischen Motiven für den Glauben
beim folgenden Principe zur Sprache kommen mögen, und
wie triftig der Gesichtspunct sein mag, der sie zum Argu=
ment zusammenfaßt und erhebt, es reicht doch nicht aus,
den Glauben sicher zu begründen, es könnte dennoch Alles

anders oder gar nicht sein; der Möglichkeiten nach Logik
und Erfahrung bleiben viele. Nun aber kann zuletzt nur
die bestehen, die dasselbe theoretisch wiedergiebt, was prak=
tisch gefodert ist. Nimm das hinzu und es bleibt von allen
Möglichkeiten nur noch eine.

Dem unsichern theoretischen Schlusse gegenüber be=
hauptet die historische Offenbarung sich als untrüglich;
doch in jeder andern Religion behauptet sich eine andre
als untrüglich. Welche ist es? Die ist es endlich, die
uns praktisch nicht betrügt.

Nach der Gesammtheit des Vorigen müßte es also
überhaupt möglich sein, den Glauben an die höchsten und
letzten Dinge ohne Rücksicht auf Alles, was bisher ge=
glaubt worden ist, ohne Rücksicht auf alle theoretischen
Gründe und Schlüsse von vorn herein blos nach dem Ge=
sichtspuncte richtig zu gestalten, daß er der gesammten
Menschheit nach den höchsten und letzten Beziehungen am
beßten diente, wenn nur die Erkenntniß dessen, was ihr
so dient, ohne jene Rücksicht selbst möglich wäre. Das
aber ist sie nicht. Vielmehr ist die Wechselfoderung nicht
zu vergessen, nach der sich das praktische Princip eben so
auf die andern Principe mit zu stützen hat, als diese ge=
gentheils auf jenes, sofern das, was das Beßte für die
Menschheit zu glauben ist, sich durch die Historie als sol=
ches erst zeigen und bewähren muß, um es triftig zu erken=
nen, auf Mit= und Nachwelt zu übertragen, und die

früheren Entwickelungsstufen eines guten Glaubens selbst
beitragen müssen, die Intelligenz so reifen zu machen, um
ihn noch besser zu machen; dieß aber nur mit Rücksicht auf
eine richtigere Erkenntniß der Natur der Menschen und
Dinge möglich ist. Aus blos abstractem praktischen Ge=
sichtspuncte würden der Glaubensmöglichkeiten nicht min=
der viele bleiben, als aus blos theoretischem oder histo=
rischem. Nun aber kann zuletzt nur die bestehn, die zugleich
eine theoretische und historische Möglichkeit ist. Nimm das
hinzu, und es bleibt wieder von allen Möglichkeiten nur
noch eine.

Ziehe vom Umfange einer Kugel aus drei Radien.
Du kannst sie an unendlich verschiedenen Puncten anlegen
und auf jedem giebt's unendlich viele Puncte; aber der
Punct, in dem sie zusammentreffen, ist stets nur einer.

Inzwischen, wie wir schon beim historischen Principe
Manches und gerade das Allgemeinste und Wichtigste des
Glaubens aus dem Gesichtspuncte dieses Principes allein
entschieden halten konnten, mit der Erinnerung nur, daß
die historische Entscheidung doch erst auf Grund der andern
Principe herbeigeführt werden konnte; so können wir auch
manches Allgemeinste und Wichtigste aus dem Gesichts=
puncte des praktischen Principes allein entschieden halten,
mit der gegentheiligen Erinnerung, daß unsere praktische
Vernunft erst auf Grund historischer Entwickelung und
wachsender Erkenntniß von der Natur der Menschen und

Dinge so weit reisen konnte, um solche Entscheidung zu fällen. Wir werden aber wie natürlich finden, daß das, was sich so von praktischer Seite her entscheidet, eben auch nur wieder dasselbe ist, was wir schon historischerseits entschieden halten konnten und was wir theoretischerseits werden wiederfinden müssen, soll das rechte Zusammentreffen im Puncte der vollen Gewißheit stattfinden. Wir können nur eben im praktischen Principe nun auch die praktischen zu den historischen und theoretischen Gründen desselben Glaubens finden, mögen es leichter finden, bei Manchem mit dem einen, bei Anderm mit dem andern Principe voranzugehen, und, wo die Sicherstellung durch die andern Principe fehlt, sie durch das praktische ergänzen.

Ohne nun hierüber noch in Weiteres eingehen zu wollen, als schon eingegangen ist, schließe ich mit einigen Betrachtungen über die Stellung des praktischen Principes zu Christenthum und Philosophie bezüglich der drei Hauptstücke des Glaubens.

In so weit wir bei der eigenen Lehre Christi stehen bleiben, genügt das Christenthum den höchsten praktischen Anfoderungen in so vollem Grade, daß nichts darüber hinaus gedacht werden kann, also daß Christus mit Recht der Heiland der Menschheit genannt werden kann; sofern er die heilbringendste Religion factisch in die Welt gebracht hat; und das in Gott wurzelnde praktische Argument kann ja nicht abstract durch sich selbst, sondern eben nur durch

Menschwerdung ins Bewußtsein der Menschheit kommen. Aber das Christenthum hat in seiner historischen Entwicke= lung viel aufgenommen, von dem man nicht dasselbe sagen kann und was dem weiteren historischen Fortschritte im Wege steht, sofern es der praktischen Durchführbarkeit im Wege steht.

In der That, wenn man zusieht, welche Gründe es sind, die dem Christenthum so sehr den Eingang unter den Heiden erschweren, daß es sich vielmehr durch Ausrottung als Bekehrung der Völker verbreitet, so wird man finden, daß es eben jene Dogmen sind, die unter den Christen selbst immer vielmehr nur Hader als Segen gesät haben, die man aus historischem Motiv festhält, die aber damit, daß sie der historischen Einigung Aller, ja der christlichen Confessionen selbst, im Wege stehen, beweisen, daß sie vor dem historischen Argumente nicht bestehen; sie können aber nicht vor dem historischen bestehen, weil sie nicht vor dem praktischen bestehen.

Hievon abgesehen, wie hoch steht doch der allgemeine christliche Glaube an einen in der Welt waltenden per= sönlichen bewußten Gott mit Beziehungen des Wollens, Wissens, Fühlens zu seinen Geschöpfen in jeder Beziehung über dem, was die heutige Philosophie in ihren geltend= sten Systemen, denn ich behaupte nicht in allen, unter den verschiedensten Ausdrücken für Gott zu substituiren versucht hat oder was übrig bleibt, wenn man unter dem festgehal=

tenen Namen Gottes nach der Sache sucht. Da giebt's
ein Absolutes, eine nur in den Einzelnen zum Bewußtsein
kommende absolute Idee, eine unendliche Substanz; da
bleibt zuletzt als Inhalt des Namens Gottes ein on-
tologischer oder moralischer oder Causalbegriff, eine bewußtlose Weltordnung, eine allgemeine Gesetzlichkeit der
Dinge, ein mystischer Urgrund, ein teleologisches Princip.
Man weiß nicht fertig zu werden, wird nicht müde, neue
Wendungen und Worte zu ersinnen, den christlichen Gott
zu ersetzen oder in ein praktisch unbrauchbares Wesen zu
übersetzen oder in mystisches Dunkel einzuhüllen. Historisch ist es nicht gelungen und hat keine Aussicht zu gelingen, sogar bei denen nicht, die dieses Weges gehen; denn
keiner vermag den andern zu seinen andern Namen und
Sachen zu bekehren, indeß des christlichen Gottes Name
und Sache durch alles Toben der Heiden, d. i. alle Zer-
würfnisse und Wandlungen der Philosophie, im Ganzen
unverrückt fortbesteht. Und warum kann es nicht gelingen? weil der christliche Glaube praktisch durch nichts ersetzbar ist; nach unserm Principe ein Beweis, daß er
richtig und was abseits oder dawider läuft, unrichtig ist.
Und damit ist jeder Philosophie, die wider den christlichen
Glauben nach jenen Grundpuncten läuft, in denen sein
praktischer Werth ruht, das Urtheil schon gesprochen;
indeß diejenige, welche die Zuversicht desselben durch Zu-
fügung von Wissensgründen noch zu steigern und damit

die praktische Wirksamkeit desselben noch zu erhöhen ver=
mag, die Zukunft, weil die Wahrheit, die Wahrheit, weil
die Zukunft, für sich hat.

Und wie jede Philosophie verworfen werden wird, die
für das Brod des Glaubens einen Stein bietet, wird jede
verworfen werden, welche eine leere Hand bietet. Und
giebt es nicht ganze Systeme, welche von Gott nichts
weiter auszusagen wissen, als daß von ihm nichts auszu=
sagen sei, aus praktischen Gründen zwar an ihn zu glauben
gebieten; aber indem sie dem Glauben Alles entziehen,
was ihn praktisch macht; oder gar vom praktischen Principe
den Glaubensinhalt verlangen, den sie dem praktischen zu
geben hätten, das für sich nur inhaltsleere Foderungen
stellen kann. Solche Systeme aber (Kant, Herbart) sind
Anfang und Ende der heutigen Philosophie.

Freilich, woher soll die Philosophie den Glaubensinhalt
nehmen, mit dem sie die praktische Forderung zu erfüllen
hat. Ich denke, woher ihn der Glaube von jeher genom=
men hat und irgend woher muß er ihn doch haben. Wir
wollen ihn beim folgenden Principe suchen.

Gegen den Glauben an eine persönliche bewußte Fort=
dauer hat der Materialismus Gründe, die auf der Hand
und Oberfläche liegen. Sie sind vortrefflich bis auf einen
bittern Punct; ich würde selbst an diese Gründe glauben
— und Glaube bleibt es doch, daß wir nicht sein werden,
wie daß wir sein werden — wenn sie nicht gegen das

praktische, und darum auch historische, Argument liesen, der
materialistische Radius also nicht ins Blaue liefe. Nun sie es
thun, so ist zu fragen, ob es nicht in einer tiefern Auffas=
sung des Zusammenhanges der Dinge auch tiefer liegende
Gründe f ü r das Jenseits giebt, die an sich gleich möglich,
als die materialistischen dagegen, doch darum noch vor=
trefflicher sind, daß sie zugleich historisch und praktisch mög=
lich sind, einen Radius geben, der mit den beiden andern
Radien im selben Punct zusammentrifft. Und wo könnte
man sie anders suchen, als beim Idealismus in seinem
Tiefsinn, seiner Opposition gegen den Materialismus?
Umsonst; entweder findet man in andern Worten eben so
vortreffliche Gründe gegen die persönliche Fortdauer als
beim Materialismus, oder Unklarheiten und Träume,
die keinem der drei Argumente recht genügen und damit
weit hinter der Klarheit und Consequenz der materiali=
stischen Gründe zurückbleiben, die dem einen fast ganz
genügen, indem sie den andern gar nicht genügen, nur
darin fehlend, daß sie sich überhaupt in Gränzen halten,
in welchen ein solches Genügen des einen ohne die andern
möglich ist.

Wo freilich, fragt sich wieder, können noch theoretische
Gründe f ü r erwartet werden, wenn man sie weder beim Ma=
terialismus noch Idealismus findet oder zulänglich findet?
Und kann das wirklich bestehen, wofür sich keine Gründe
finden lassen? In der That hat man fast nur die Wahl, ob

9 *

der alte Glaube oder die heutige Philosophie, welche keine zulänglichen Gründe dafür zu finden weiß, bestehen soll.

Der Glaube an höhere vermittelnde Persönlichkeiten zwischen uns und Gott ist im Allgemeinen unter uns sehr schwach geworden. Namentlich blieb den Protestanten fast nur Christus als Vermittler übrig und dieser fast nur noch den Orthodoxen. Die Katholiken haben dazu noch Maria und die Heiligen, doch fast nur noch die gemeinen Katholiken und die Maler, und diese fast nur noch auf der Leinewand. Die Engel gelten überall nur noch als Zierrath; man weiß mit ihnen gar nicht mehr wohin, als wieder auf die Leinewand. Aber indem alle Nachtheile einer rohen und verwerflichen Gestaltung jenes Glaubens mit dem Glauben selbst gefallen oder abgeschwächt worden sind, sind auch die Vortheile, die er haben kann, und, wie er immer sein mag, hier und da noch hat, gefallen, welche uns an so viel reinere und höhere Vortheile denken lassen, die er bei reinerer und besserer Gestaltung haben könnte. Willst du dem Katholiken die Hülfe nehmen, die er im Glauben an Maria und die Heiligen findet, sein niedres Wesen mit dem höchsten zu vermitteln, was giebst du ihm dafür, und was giebst du dem Cultus und der Kunst dafür? du nimmst ihm etwas, gieb ihm etwas Besseres, nicht Nichts dafür. Oder, wenn du ihm nichts Besseres geben kannst, der nichts Besseres verlangt, gieb überhaupt etwas Besseres dafür. Wie ist es möglich, wenn der ganze

Glaube schlecht und falsch ist? Aber selbst unter den Prote=
stanten beweist die häufige Wendung an den noch übrigen
Christus statt an Gott, der Name Mittler selbst, den sie
ihm geben, ihr freilich sehr verkümmertes Bedürfniß eines
Mittlers; und die Kunst der Protestanten muß gar den
Glauben borgen oder lügen, den sie nicht hat, und wird
darum lieber gleich katholisch. Unpraktisch also kann der
Glaube nicht sein, und, sofern er praktisch nicht, wenn
nicht durch einen praktischern im selben Sinn, ersetzbar ist,
nicht überhaupt verwerflich. Vielmehr rechte Entwickelung
gälte es, als Dämpfung; doch dazu bedarf es einen neuen
Grund. Wo ist er? fragt man wieder; und ich antworte
wieder: schwerlich da, wo die heutige Philosophie, noch
da, wo die heutige Theologie ist. Ich fragte aber nicht,
wenn ich nicht noch eine andre Antwort auf alle diese
Fragen hätte.

Die christliche Religion in ihrer reinsten Abklärung
von Allem, was man in ihr noch heidnisch finden mag,
der heidnischen selbst gegenüber betrachtet, ist überhaupt
von einer wunderbaren Erhabenheit zugleich und Oede.
Kann sie diese Erhabenheit nur mittelst dieser Oede behaup=
ten? Aber der erhabenste Anblick des Meeres ist nicht der,
wenn man nichts auf ihm sieht, sondern wenn Schiffe,
nahe, ferne, immer fernere ein Maß für seine Ausdehnung
geben; für Gott aber hat man uns kein Maß gelassen.

Die christliche Religion hat ihre Erhabenheit dadurch

erreicht, daß sie das Unendliche für das Kleine, Be=
schränkte, Endliche, was hier und da dafür gegolten, ge=
setzt; und sie hat Recht. Aber nachdem sie es dafür gesetzt,
haben die Christen im Eifer das, wofür sie es gesetzt, aus
ihm ausgeräumt, statt es darin aufzuheben, darin abzu=
schließen, und das giebt nun die große Oede; die neuere
Philosophie aber hat diese Oede vergrößert, indem sie Gott
mit ausgeräumt oder als einen öden Begriff aus der Oede
der Metaphysik heraus erbaut hat.

Was hat hiegegen das folgende Princip zu bieten?

VII.

Das theoretische Princip*).

Der kurze Ausdruck des theoretischen Principes war:
man glaubt, wozu man in Erfahrung und Vernunft Be=
stimmungsgründe findet.

Nun kann man selbst vernünftig darzuthun suchen, daß
historische und praktische Gründe uns zum religiösen Glau=
ben berechtigen, wie dieß im Vorigen nur in andrer Weise
als im hergebrachten historischen und praktischen Argument
geschehen ist. Aber nach Allem, was mit historischen und

---

*) Ich habe dieß Princip schon in der Schrift „Ueber die See=
lenfrage" (Kap. VII.) so weit behandelt und im ganzen „Zend=Avesta"
durchgeführt, daß eine Verweisung darauf genügen könnte, wenn es
nicht hier gälte, dasselbe mit den beiden andern Principen in Zusam=
menhange und wechselseitiger Ergänzung darzustellen, womit diese
Schrift selbst zu einer Ergänzung von jenen wird. Doch kann man
nur in andern Wendungen und Ausführungen dasselbe hier erwarten,
was man dort findet, und was bei seinem festen Stande eben nichts
Andres zuläßt, als andre Wendungen und Ausführungen.

praktischen Gründen geleistet werden konnte, bleibt das
Bedürfniß übrig und hat sich in den letzten Fragen aus=
gesprochen, auch Gründe zu finden, womit das theoretische
Princip den andern zur Stützung und Ergänzung dienen
kann, ohne des Dienstes der andern zu bedürfen, und um
solche wird es sich jetzt handeln.

Vernunft und Erfahrung haben wir als Hebel des
Principes genannt. Vernunft, — denn sofern die
höchsten und letzten Wirklichkeiten in ihrer Eigenschaft als
Höchstes, Letztes keine Gegenstände der directen Erfahrung
sind, und außer dem historischen und praktischen Principe
noch ein andrer Quell ihrer Erkenntniß gesucht wird,
bedarf es irgendwelchen Schlusses, um auf sie zu kommen.
Erfahrung, — denn sofern sie doch das Höchste und
Letzte der Wirklichkeit sind, bedarf es der Erfahrung als
Unterlage des Schlusses. Durch Logik und Mathematik
allein kann man weder zum Glauben an Gott und Un=
sterblichkeit, noch zu einem andern als begriffsspielerischen
Beweise und leeren Begriffe davon kommen. Man kann
es, wenn man von unserm Geiste als Stufe zum Geiste
über allen Geistern, von unserm Leben als Stufe zu einem
zweiten Leben aufsteigt. Es gilt nur eben auch aufzustei=
gen und nicht bei dem, was die Erfahrung unmittelbar
bietet, stehen zu bleiben, wenn es sich um das, was seiner
Natur nach alle Erfahrung übersteigt, handelt. Zwischen
diesen beiden Irrthümern aber schwankt noch heutzutage

die Gestaltung des Glaubens auf theoretischem Grunde, daß man zu wenig von der erfahrbaren Wirklichkeit ausgeht, Fehler der heutigen Philosophie und Theologie, oder daß man zu sehr dabei stehen bleibt, Fehler der Heiden und Materialisten. Auf beiden Wegen verliert man entweder den ganzen Gott oder den ganzen Inhalt oder Umfang Gottes, und wirft endlich lieber gar das ganze Princip weg, was den Verlust zuwege brachte; aber nur seine verwerfliche Anwendung ist zu verwerfen.

Was man gewöhnlich religiöse Erfahrung nennt, ist wesentlich nur die innere Erfahrung der praktischen Antriebe und Wirkungen des Glaubens. Wie nun darauf ein Grund des Glaubens zu stützen sei, wurde beim vorigen Principe selbst aus erfahrungsmäßigem Gesichtspuncte gezeigt. Hier aber wird Erfahrung in einem weitern Sinne und andrer Richtung geltend gemacht. Nicht um eine Erfahrung von den Beweisen des Daseins der höchsten und letzten Dinge, welche in unserm Bedürfnisse des Glaubens daran und den Folgen des fertigen Glaubens liegen, handelt es sich hier, sondern welche, in den allgemeinsten Thatsachen der Existenz liegend, ohne Rücksicht ob wir glauben möchten, schon glauben oder nicht, zum Glauben führen und damit der oft nur zu einseitig geltend gemachten religiösen Erfahrung zu Hülfe kommen können.

Ehe wir aber zeigen, wie dieß im theoretischen Argu-

mente geschieht, gilt es, die Motive, die sich darin abzuschließen und zu vollenden haben, in Betracht zu ziehen.

Sehen wir nach, wie sie sich wirklich finden, so liegen
sie aller Metaphysik, worauf der Philosoph den Glauben
stützen möchte, will er ihn andern stützen, so fern wie
möglich. Kein Ausgang von den abstraten Begriffen des
Seins, des Absoluten, des Ich, des Dinges an sich, des
vollkommensten und hiemit realsten Wesens, der einfachen
Dinge, der absoluten Causalität, der sich verwirklichenden
Urmöglichkeit hat die Menschen zum Glauben an Gott
geführt. Alles dergleichen ist erst dem Glauben nachge-
kommen, ohne in seinen Consequenzen den Glauben je
wieder haben einholen zu können, es sei denn, daß es sich
von ihm nachziehen ließ; und vielfach hat es ganz davon
abgeführt.

Vielmehr, was zum historischen und praktischen Motive
ergänzend hinzugetreten ist, den Glauben zu erzeugen und
zu gestalten, ist ein Schluß, den der Mensch im Leben
täglich bewußt wie unbewußt braucht und zieht, der sich
so zu sagen bei jeder Gelegenheit ganz von selber in ihm
zieht, und der allgemein gesprochen also lautet: weil das
ist, das war, so ist jenes, war jenes, wird dieses sein;
weil das so ist, so war, ist oder wird dieses, jenes so sein.
Jeder beobachtete Fall giebt dem Menschen unwillkührlich
Anlaß und Anhalt, seine Erwartung andrer Fälle danach
zu stellen, indem er nach gleichen oder ungleichen Bedin-

gungen gleiche oder ungleiche Folgen und nach dem Glei=
chen und Ungleichen in den Bedingungen Gleiches und
Ungleiches in den Folgen erwartet, im selben Sinne rück=
wärts von den Folgen zu den Ursachen geht. Der Mensch
schließt so im Felde der gemeinsten Dinge, er schließt auch
so im Felde der höchsten und letzten Dinge, oder vielmehr
von jenem Felde in dieses hinein und damit endlich alle
seine Schlüsse ab. Mein Haus ist von Jemand gebaut
worden, auch die Welt wird von Jemand gebaut worden
sein. Die Welt ist größer als mein Haus, also wird
es auch ein größerer Jemand sein, der die Welt gebaut
hat. Mein Körper bewegt sich unter dem Einflusse meines
Gefühles und Willens, auch Sonne, Mond, das Meer,
der Wind wird sich unter solchem Einflusse bewegen, aber
unter dem Einflusse eines mächtigeren Gefühles und Wil=
lens, weil sie selbst mächtiger sind. Ich lebe jetzt und
ändre mich nur von einem Tage zum andern; ich werde
auch künftig leben und mich nur noch mehr ändern. Mein
Leben hängt an meinem Athem und der Wärme meines
Leibes, wohin sie im Tode gehen, wird die Seele gehen.
Ein jeder König hat seine Diener; auch Gott wird seine
Diener haben.

Nicht nur der Glaube an das Dasein Gottes, des
Jenseits, höherer Wesenheiten, auch alle Vorstellungen
von ihrer Daseinsweise stützen sich bewußt oder unbewußt
auf Analogieen und Inductionen dieser Art. Etwas

Erfahrungsmäßiges liegt überall unter, eine Verallgemei=
nerung führt überall darüber hinaus, sofern es aber ein
Größeres und Höheres gilt, eine Verallgemeinerung mit
einer Erweiterung und Steigerung. Und wenn ohne das
praktische Motiv schwerlich Anlaß war, eine solche über
das Erfahrungsmäßige hinaus überhaupt vorzunehmen,
so vermöchte das praktische Princip seinerseits nicht ohne
solche den Glauben zu gestalten und gestaltet dem histori=
schen Princip zu überliefern, würde vielmehr ohne das
ganz inhaltleere Vorstellungen schaffen, wie sich's ja auch
stets gezeigt hat, wo es sich angemaßt, den Glauben allein
schaffen zu wollen. Dagegen ist nicht ohne Interesse
und haben wir schon früher darauf hingewiesen, wie sich
in jedem andern Volke die Glaubens=Vorstellungen nach
seinem andern Lebenskreise und seiner andern Lebensweise
ändern. Je roher ein Volk, so roher auch seine Verallge=
meinerungen, je beschränkter und niedriger, so beschränkter
und niedriger seine Erweiterungen und Steigerungen von
da ins Glaubensgebiet hinein. Aber selbst der Glaube·
der cultivirtesten Völker verdankt seinen Inhalt ganz der
Verallgemeinerung, Erweiterung und Steigerung von
ihrem Lebenskreise und ihrer Lebensweise aus, und wäre
ohne dem ganz leer.

Leicht treten auf diesem Wege Conflicte des theoreti=
schen Motivs mit dem praktischen wie mit sich selbst ein,
woraus auch solche mit dem historischen erwachsen und

mannichfache Versuche ihrer Lösung hervorgehen. Berechnen läßt sich's nicht, doch immer deuten. Wer möchte sagen, der Glaube an ein böses persönliches Grundprincip, einen Ahriman oder Teufel, sei im praktischen Interesse. Doch konnte der Blick auf die Macht des Uebels in der Welt und die Zerstörung, die jeder Schöpfung droht, leicht dazu führen, den bösen Trieb im Menschen zu einem höchsten Triebe in einem persönlichen Wesen Gott gegenüber zu verallgemeinern und zu steigern. Dann aber schließen das praktische und theoretische Interesse ihren Frieden auf Grunde dessen, daß im Gange der Geschichte das Gute doch im Ganzen endlich durchschlägt, Ehrlich am längsten währt. Das gute göttliche Princip siegt endlich ob; die Hölle selbst wird überwunden oder gar bekehrt.

Völker giebt es, nach deren Glauben nur die Vorneh= men eines glücklichen Zustandes im Jenseits theilhaftig werden, das Glück jenseits vielmehr vom Range als der Tugend diesseits abhängt. Wer mag verkennen, daß diese praktisch unzulässige Vorstellung auf einfacher Analogie mit dem Diesseits ruht. In der früher so verbreiteten Ansicht von einem Hades, Scheol, einem schattenhaften Dasein nach dem Tode, mögen die Motive, ein Leben über das Grab hinaus noch überhaupt zu denken und zu wollen, mit dem Blicke auf die handgreifliche Zerstörung alles Handgreiflichen im Tode, die Grabesnacht und Ruhe zu= sammengewirkt haben, das Jenseits so dunkel und traurig

zu gestalten. Auch diese Conflicte drängen zum Versuch
der Lösung, und wenn sie sich nicht in den Völkern heben,
so heben sie sich endlich mit den Völkern.

Mag aber das praktische Motiv in Conflict oder Einstimmung mit dem theoretischen wirken, immer kann es
doch nur richtungsbestimmend wirken; die Ausführung in
gegebener Richtung bleibt eine Sache des theoretischen
Motivs. Sei's Scheol, Paradies oder Hölle, so geht
es darin nach Analogie diesseitiger Verhältnisse her; und
wer versucht mit seinem Glauben daraus herauszukom-
men, kommt nur von einer andern Seite hinein oder
überhaupt aus aller Vorstellung heraus. Wie ungezügelt
die Phantasie immer wirken mag, sie kann's doch nur mit
Stoffen und mit Formen, die ihr das theoretische Motiv
geboten.

Sieht man sich nun freilich um, was überhaupt auf
diesem Wege erzielt worden ist, so möchte man zunächst
an allem Glauben verzweifeln. Die thörichtsten widersprechendsten Ansichten von Gott, Jenseits, Engeln, Teu-
feln sind dadurch zu Stande gekommen, und haben doch
noch weitere Verbreitung gefunden, als was die Vernunft der Vernünftigsten dafür hat setzen wollen; denn
darin befriedigt kaum ein Einzelner den Andern. Haben nicht also die Recht, welche sagen, der Quell des
Glaubens in höchsten und letzten Dingen sei überhaupt
hier nicht zu suchen, sondern vielmehr zu vermeiden.

Ja haben nicht Betrachtungen wie folgende vollkommen
Recht:

Schon im gemeinen Leben irren wir täglich, indem
wir nach Analogieen und Inductionen vom Jetzt und Hier,
vom Dem und Dem, vom So und So aus das Ferne,
das Kommende, das Andre erschließen wollen; wie können
wir uns damit an die höchsten und letzten Dinge wagen,
wo die Aufgabe sich zur unermeßlichen steigert und die
Hülfe, die uns dort zu Gebote steht, den Schluß und die
Schlußmittel durch Erfahrung zu bestätigen oder zu berich=
tigen, abgeht, wir vielmehr immer in's Unsichre fort=
zuschließen, auf Unsicheres noch Unsichreres zu bauen
genöthigt sind. Alle jene Schlüsse haben überhaupt der
Natur der Sache nach nur eine Tragweite in's Endliche
und die Gegenstände des religiösen Glaubens tragen viel=
mehr den Charakter der Unendlichkeit.

Und doch ist es ein eigen Ding, daß der Mensch
unwillkührlich immer wieder zu diesem Quelle zurückkehrt,
und selbst die, die ihn principiell verwerfen, nicht umhin
können, aus ihm zu schöpfen, wenn sie von den höchsten
und letzten Dingen einmal etwas mehr sagen wollen, als
daß es unsagbare Dinge sind; und das wollen sie doch
und knüpfen sogar das Heil an das, was sie davon sagen.
Sollte ein nothwendiger Quell verwerflich sein. In Wahr=
heit kann man sagen, wir mögen wollen oder nicht, wir

müssen uns an das theoretische Princip halten; da wir
es aber factisch nicht verwerfen können, so müssen wir es
in bester Weise fassen und mit den andern Principen
zusammenwirken lassen.

In der That aber ist es bei ihm eben nicht anders, als
bei den andern Principen. Nicht, daß wir es brauchen,
sondern daß wir es nicht genug oder daß wir es falsch
brauchen, macht es verwerflich. Auch in den Dingen des
täglichen Lebens ist es ja nicht die Benutzung der Mittel
des Schlusses, die uns Erfahrung und Vernunft bieten,
was uns irren läßt; wollten wir sie fallen lassen, würden
wir vollends irren; sondern daß wir sie nicht genug oder
daß wir sie falsch benutzen; je besser aber, so mehr und
Besseres erreichen wir damit. Nun ist nur das anders bei
den höchsten und letzten Dingen, als bei den gemeinsten,
einmal, daß wir mit dem, womit wir bei diesen reichen,
noch nicht reichen und um so leichter und schwerer damit
irren, je mehr wir damit zu reichen meinen; also müssen
wir die Mittel dazu erweitern, steigern, statt sie wegzu=
werfen. Und weiter: daß eine erfahrungsmäßige Bewährung des Erschlossenen seiner Natur nach hier gar nicht
zu fodern, weil für das Geistige über mir so wenig als
für das Geistige neben mir überhaupt zu haben ist. Also
müssen wir sie — es ist nicht genug zu wiederholen —
durch die Zusammenstimmung des Erschlossenen mit den
Foderungen und Folgerungen der andern Principe ersetzen.

Einen andern Weg der Bewährung giebt es freilich nicht; diesen aber giebt es.

Nun aber scheitert die ganze theoretische Begründung und Gestaltung des Glaubens fast immer an einer von zwei Klippen, wozu die Fehler, die wir Eingangs zeigten, führen, daß man die höchsten und letzten Dinge über die niedern und gemeinen begrifflich oder factisch oder beides zugleich hinweghebt, als hätten sie gar nichts damit gemein, und daß man sie mit niedern oder gemeinen selbst verwechselt, als wären sie auch nur etwas unter Anderm, anstatt die niedern in den höhern aufzuheben, dadurch abzuschließen. Und freilich wenn Gott wirklich unvergleichbar mit Allem, was in seiner Welt, abgerissen von der Welt, über ihr, die Welt abgefallen von Gott unter ihm schwebte, so wie sich's Viele denken, die Welt, in der sich unsre Erfahrungen bewegen, so wäre kein Schluß von ihr auf ihn möglich, kein Schluß möglich von dem Abschlusse unsrer kleinen geistigen Welt in einem Ich auf den Abschluß der ganzen geistigen Welt in einem Ich, von der Herrschaft unsers Geistes über einen kleinen Theil der Körperwelt auf die Herrschaft eines Geistes über die ganze Körperwelt. Doch haben wir theoretisch keinen Grund, das höchste Dasein außer begrifflichem und factischem Zusammenhange mit allem Dasein anzunehmen, ist praktisch ein Gott unbrauchbar, der keine angebbaren und verfolgbaren Beziehungen zu seiner Welt und zu seinen Geschöpfen

hat, und ist er von jeher historisch in solchen Beziehungen
vorgestellt worden; und wer es nicht hat thun wollen, that
es doch.

Und freilich, wenn der Uebergang in's Jenseits außer
Vergleichbarkeit mit allen Uebergängen in dem Diesseits
erfolgte, im Jenseits selbst alle Verhältnisse und Gesetze
aufhörten, die im Diesseits gelten, so wäre auch keiner der
Schlüsse möglich, die wir vom Einen auf das Andre ziehen
werden. Aber von jeher hat man Analogieen für den
Uebergang in's Jenseits im Diesseits gesucht und die
Vorstellungen von dem künftigen Leben auf Grund des
jetzigen gestaltet; wir bedürfen praktisch eines Glaubens,
der die Beziehungen aus dem Diesseits in das Jenseits
forterhält; und überall sonst finden wir erfahrungsmäßig
in der Gegenwart die Bedingungen der Zukunft enthalten
und schließen so weit möglich daraus auf die Zukunft.
Nun reicht freilich unser Vermögen noch nicht einmal hin
zu erschließen, wie die Orange aus dem Laubwerk, der
Schmetterling aus der Raupe, ein Leben nach der Geburt
aus dem Leben vor der Geburt, eine Erinnerung aus der
Anschauung folgt; wie, sagst du, sollten wir schließen
können, wie ein jenseitiges Leben aus dem diesseitigen
folgt? Aber wir sehen doch, daß die Orange aus dem
Laubwerk, der Schmetterling aus der Raupe, ein Leben
nach der Geburt aus dem Leben vor der Geburt, eine
Erinnerung aus der Anschauung folgt, trotz dem, daß wir

nicht wissen, wie es daraus folgt; also wird es auch
nur gelten, von den thatsächlichen Beziehungen zwischen
Ursachen und Folgen im jetzigen Leben verallgemeinernd,
erweiternd und steigernd auf entsprechende zwischen dem
jetzigen und einem daraus folgenden Leben zu schließen;
und die gleiche Unerklärlichkeit dieser Beziehungen hier
und da wird nur noch ein Moment mehr in dem Ent=
sprechen sein.

Die Fehler und die Klippen zugleich endlich werden
wir vermeiden, und von den theoretischen Motiven zum
theoretischen Argumente nach folgendem Princip gelan=
gen*).

„Es gilt, vom möglichst großen Kreise des Erfahrungs=
mäßigen im Gebiete der Existenz auszugehen, um durch
Verallgemeinerung, Erweiterung und Steigerung der Ge=
sichtspuncte, die sich hier ergeben, zur Ansicht dessen zu
gelangen, was darüber hinaus in den andern, weiteren
und höheren Gebieten der Existenz gilt, an die wegen ihrer
Ferne unsre Erfahrung nicht reicht, oder deren Weite und
Höhe unsre Erfahrung überreicht und übersteigt, mit der
Vorsicht, die Verallgemeinerung, Erweiterung und Stei=
gerung über das Gebiet des Erfahrbaren hinaus nur in
dem Sinne und der Richtung vorzunehmen, die schon

---

*) In der Schrift über die Seelenfrage S. 116 aufgestellt.

innerhalb des Erfahrbaren selbst eingeschlagen ist; also
nur das für die andern, weiteren und höheren Gebiete in
Anspruch zu nehmen, als gültig zu erachten, was sich um
so mehr verallgemeinert, erweitert, steigert, je weiter und
höher wir den Blick in's erfahrbare Gebiet richten, und
dem Gesichtspuncte des Unterschiedes, der durch die grö=
ßere Ferne, Weite, Höhe des Gebietes entsteht, volle
Rechnung zu tragen.

Gleich wie nun zur Geltendmachung des historischen
und praktischen Principes in Form eines Argumentes die
thatsächlichen Unterlagen, welche in der Allgemeinheit und
Heilsamkeit des Glaubens liegen, entweder als bekannt
vorausgesetzt oder besonders aufgezeigt werden müssen, so
auch zur Geltendmachung des theoretischen Principes die
im Erfahrungsgebiete liegenden Unterlagen des Schlusses
auf die höchsten und letzten Dinge. Aber wo sind sie zu
finden, wenn nicht in Gründen, wie ich sie schon ange=
deutet, jene Gründe, welche den historisch gewordenen,
praktisch geforderten, Glauben an einen persönlichen Gott
mit Bewußtseinsbeziehungen zu seinen Geschöpfen, an
eine künftige Fortdauer, an persönliche Mittelwesen zwi=
schen uns und Gott von der Wissensseite her stützen,
festigen oder gar noch steigern und entwickeln können?

Ich suche rings: ich suche danach in den dogmatischen
Lehrbüchern der Theologen, ich horche den Predigern auf
den Kanzeln, den Schulmeistern in den Schulen, den

Professoren auf den Kathedern; ich wende mich von den Rationalisten zu den Orthodoxen und Pietisten hin und wieder; ich durchstöbere die verstaubten Beweise für das Dasein Gottes; ich studire die philosophischen Systeme von Kant, von Fichte, Schelling, Hegel, Herbart, Schopenhauer. Es ist umsonst. Ich finde nichts, was auch nur einigen Halt gewährte oder nicht vielmehr wider als für den Glauben stritte. Aber ich suche auch zugleich umsonst, wo ich eine klare Erkenntniß, geschweige triftige Anwendung des vorigen Principes fände; ich finde nur ein Schwanken zwischen beiden oder eine Vereinigung beider Hauptfehler seiner Anwendung, ein Scheitern bald an der einen bald an der andern Klippe. Wie aber soll ein triftiges Argument durch Verfehlung oder Verletzung seines Principes zu Stande kommen.

Auf das Dasein eines Gottes, wie ihn das historische und praktische Argument fodert, womit in Zusammenhange die andern Hauptgegenstände des Glaubens sich von selbst ergeben, können wir nach dem theoretischen Principe auf zwei Weisen und nur auf zwei Weisen schließen, obwohl jede beider Weisen in ihrer Allgemeinheit eine Mehrheit von besondern Wegen einschließt. Einmal, indem wir von der Welt unsers eigenen Geistes, der einzigen, von der wir unmittelbar wissen, durch die Welt der Geister, an die wir nach der Gesammtheit der drei Gründe so fest glauben, als wüßten wir

darum, zu der Welt eines Geistes aufsteigen, zweitens
indem wir davon, daß unser eigener Körper einen Geist
zugleich spiegelt und trägt, wieder dem einzigen Wissens=
falle dieser Art, dazu aufsteigen, daß die ganze Welt
Spiegel und Träger eines Geistes in höherm Sinne ist.

Denn es sind die einzigen Ausgangspuncte, die wir
von der Wissensseite haben, um nicht aus dem Leeren
in das Leere, sondern aus dem Vollen in das Vollere
zu schließen und damit dem Glauben seinen Inhalt zu
erschließen, die einzigen, auf denen das Argument sich als
Vollendung der theoretischen Motive nach obigem Princip
gestalten kann.

Je nachdem wir nun vom ersten Ausgangspuncte her
blos auf geistigem Gebiete vorschreiten, oder vom zweiten
ausgehend den Körper als Spiegel und Träger der Seele
in das Auge fassen, lassen sich zwei Haupttheile, Seiten,
Formen oder Wendungen des theoretischen Argumentes
unterscheiden, ich will sie kurz das Argument vom Geiste
und vom Körper nennen. Im Grunde und den Folge=
rungen bleibt's ein einziges Argument.

Vor ihrer Aufstellung noch einige Worte.

Schon oft war Anlaß, darauf hinzuweisen, daß jeder
nur von einer einzigen Seele, der eigenen, unmittelbar
durch Erfahrung weiß. Die Folge davon ist, daß für den
Schluß auf andre Seelen, Geister, ob nachbarliche oder
höhere, überhaupt keine Induction, welche die Mehrheit

gleicher Fälle als Unterlage braucht, sondern nur Analogie zu Gebote steht. Die Analogie aber läßt sich in diesem Gebiete nicht missen. Denn wie auch nur eine Vorstellung von einem Geiste neben oder über unserm Geiste fassen ohne Anknüpfung an die Erfahrung von dem eignen Geist.

Nun ist jede einzelne Analogie für sich genommen trüglich; doch ist der Schluß auf unsre Nachbarseelen bindend. Und wodurch wird er bindend? Sehen wir beim Kleinen nach, um nichts Andres, sondern nur das Größere davon im Schlusse auf Größeres zu verlangen. Dadurch, daß er für die kleine Seele eben das zusammennimmt, was man für die größte wegwerfen möchte, und nur in größtem Maßstabe zusammenzunehmen hätte. Dadurch, daß es keine einzelne Analogie noch Summe vereinzelter Analogieen ist, auf die er sich stützt — der Kreis hätte ja den Abschluß, die Statue die äußere Form, die einmal aufgezogene Uhr den innern Kreislauf mit mir gemein; das Alles giebt noch einzeln keine Seele; — vielmehr daß es ein in sich zusammenhängendes und zusammenstimmendes System der Analogie nach allen Puncten ist, die man bezüglich des eigenen Wesens der Seele, des Spiegelns und Tragens derselben durch den Körper vernünftigerweise in Betracht ziehen kann; *) — und end-

---

*) Den allgemeinen Gesichtspunct und das Wesentlichste dieser Puncte glaube ich in der Schrift „Ueber die Seelenfrage" S. 49

lich dadurch, daß dieses ganze System der Analogie auch ein System mit dem System unsrer praktischen und histo= rischen Foderungen giebt.

Hiedurch und hiedurch allein wird der Schluß auf das Dasein der kleinen menschlichen Nachbarseelen vollkommen bindend und ein Schluß auf ihre Daseinsweise überhaupt möglich. Metaphysik hat nicht dazu geführt und kann dazu nicht führen. Nichts Andres aber, sondern eben nur das Größere, nicht das Wenigere davon, haben wir im Schlusse auf Größeres im Geisterreiche zu verlangen, um Größeres damit zu erlangen. Metaphysik hat nicht dazu geführt und kann dazu nicht führen. Analogie läßt sich hier eben so wenig missen, ist einzeln eben so trüglich; es gilt eben so ein System der Analogie in sich und mit den Folgerungen und Foderungen der andern Principien.

Beim Schlusse auf die andern Menschenseelen ziehen die Analogieen, macht das System sich so zu sagen von selbst. Ein Menschlein ist so klein, steht uns so verwandt, so übersichtlich gegenüber; Alles daran ist uns beim ersten Blick geläufig. Bei Gott, höhern und jenseitigen Geistern ist Alles groß und weit und anfangs ungeläufig, und gilt es, den Zusammenhang dessen, worauf zu achten, erst zu zeigen, Alles übersichtlich und geläufig erst zu machen.

deutlich genug und so bezeichnet zu haben, daß die Vernünftigkeit ein= fach einleuchten durfte. Hier wird es blos die Anwendung gelten.

Nun aber kann doch nicht Alles auf einmal so gezeigt werden, wie es schließlich auf Einmal in Eins zu fassen ist, ist also auch nicht auf einmal also zu verlangen. Das Argument vom Geiste wie vom Körper kann sich nur in einer Folge von Momenten entwickeln; nichts Einzelnes darin ist bindend; das Bindende liegt im Bande nicht blos der Einzelheiten jedes beider Argumente, auch beider Argumente, die ja nur zwei Seiten Eines Argumentes sind; nicht blos in diesem Bande, auch im Bande dieses Argumentes mit den beiden andern; und endlich darin, daß die drei Argumente alle drei Hauptstücke des Glau= bens in einem und demselben Bande geben. So wächst die bindende Kraft mit jedem Schritte, doch liegt in keinem Schritte, nur im ganzen Gange.

Wer diesem Zusammenhange will nachgehn, wird ihn am Schlusse haben und endlich im Ausgange des ganzen Weges den Eingang zu einer Weltansicht haben, in der Glauben und Wissen sich widerspruchslos vertragen und Eins im Andern Föderung und Stütze findet; wer das Resultat des Schlusses in seinen Einzelheiten, das Haus in einem Steine sucht, der wird es niemals haben.

Auch mögen wir erinnern, daß dieselbe Analogie, die uns vom Kleinen und Niedern, um das wir wissen, zum Glauben an Größeres und Höheres führen wird, zugleich das Kleine und Niedre in das Größere und Höhere aufhebt, das Wissen also nur insofern damit

überschritten wird, als es zugleich als Inhalt in den Glau=
ben aufgehoben wird.

Für sich genommen bleibt's ein kühnes und gewagtes
Steigen, was uns von unten aufwärts führt; wer möchte
sagen, daß es sicher sei. Aber erinnern wir uns nur, die
Leiter zum Steigen steht nicht in bloßer Luft, sie wird von
Oben gehalten wie von Unten. Von Oben dadurch, daß
sie in dasselbe Gebiet des Glaubens führt, was wir histo=
risch haben und praktisch brauchen, indeß von unten
dadurch, daß sie von der erfahrbaren Wirklichkeit aus
dahineinführt. Wogegen der glaubenslose Materialismus
auf einer nur von unten gehaltenen Leiter aufsteigt, der
glaubensöde Idealismus auf einer nur von oben gehal=
tenen Leiter absteigt.

Bedarf aber das theoretische Argument dieser Un=
terstützung durch das praktische und historische, so leistet
es ihm auch seinen Gegendienst, indem es die Aus=
schreitungen des praktischen und theoretischen Motivs
verhütet, womit kein Argument bestehen kann. Was
möchte der Mensch nicht Alles von Gott verlangen, was
verlangt er nicht; wie Vieles möchte er in der Welt selbst,
der von Gott regierten anders wünschen, ja was wünscht
er nicht; und was sollte ihn endlich hindern an einen
Gott und eine Welt zu glauben, wie er sie wünscht,
wenn es nicht die Nothwendigkeit ist, mit den Foderungen
des praktischen und historischen Arguments zugleich denen

des theoretiſchen zu genügen. Indem aber das theoretiſche
nur eine ſolche Anſicht von Gott und Welt geſtattet, die
vor dem Blicke auf die Wirklichkeit mit allen ihren Män=
geln und Uebeln beſtehen kann, tritt es von ſelbſt in's
praktiſche und hiſtoriſche Argument hinein, nach welchen
nicht ſowohl das wahr iſt, was der Menſch hier und da,
zu der und jener Zeit, wünſcht oder gewünſcht hat und
hienach glaubt oder geglaubt hat, als was für wahr von
der geſammten Menſchheit und für immer angenommen,
ihr Denken, Fühlen, Handeln alſo zu leiten vermag, daß
der wünſchenswertheſte Zuſtand der Menſchheit im Gan=
zen daraus folgt und kein Anlaß mehr iſt, darüber hinaus
zu gehen. Dazu aber muß das wirklich Wahre als wahr
angenommen werden; denn nur ſo kann ſich der Menſch
am beßten dagegen ſtellen und kann die Stellung Dauer
haben.

Das Argument vom Geiſte.

Unſer Geiſt ſtellt ſich dar als ein Reich von mannich=
faltigen und wechſelnden Empfindungen, Erinnerungen,
Vorſtellungen, Begriffen, Gedanken, Trieben, Strebun=
gen, Wünſchen, die ſich einander über= und unterordnen,
verknüpfen und ſcheiden, harmoniren und ſtreiten. Es iſt
in Wahrheit eine kleine Welt.

Dieſe kleine Welt von Einzelheiten iſt ihrerſeits nur
eine Einzelheit in der großen Geiſterwelt, worin ſich in

größerem Maßstabe und in in höherem Sinne wiederholt, was in der kleinen vorgeht. Denn auch in der großen Geisterwelt ordnen sich Gebiete einander über und unter, verbinden sich und scheiden sich, harmoniren und streiten mit einander; und was in jede kleine Welt eines Geistes davon fällt, ist einerseits nur die letzte Verzweigung, andererseits die Wurzel von dem, was in die große fällt und in großen Zügen hindurchgeht. So ist das größere Reich eben nur das Größere, Höhere, Allgemeinere dessen, was wir in dem kleinen finden. Nun greift über alle Einzelheiten in der kleinen Welt ein einiges Gefühl des Ich, ein einheitliches Bewußtsein, ein einheitlicher Wille. Die beiden Kreise der Gesichts- und Gehörs-empfindungen scheinen nichts mit einander gemein zu haben; doch haben sie das mit einander gemein, daß jenes Ich um beide in gleicher Weise weiß, nur mehr als beide weiß; und über allen Streit der Einzelheiten reicht ein Streben, diesen Streit zu schlichten und zu versöhnen, alles Einzelne von Gefühlen und Gedanken in solche Einstimmung zu bringen, daß das Ich dabei befriedigt sei.

Also können wir zwar nicht wissen, was nie eine Sache des Wissens wird, dürfen aber glauben, was wir schon ohnedem zu glauben Anlaß haben, daß auch über alle Einzelheiten in der großen Geisteswelt in entsprechendem Sinne ein einiges Gefühl des Ich, ein einheitliches Bewußtsein, ein einheitlicher Wille greifen werde, in ent-

sprechendem nur auch entsprechend höherm Sinne, als die
große Geisteswelt etwas über der kleinen ist. Die Be=
wußtseinskreise der verschiedenen Menschen scheinen nichts
mit einander gemein zu haben; doch werden sie das mit
einander haben, daß jenes Ich um alle weiß, als wären
sie die seinen, nur mehr als alle weiß; und über allen
Streit der Völker und Geschlechter, des Wissens und
Glaubens, der in dem großen Reiche so viel größere Di=
mensionen annimmt und höher hinaufreicht, als in dem
kleinen, doch in dasselbe hineinreicht und aus ihm herauf=
steigt, wird auch ein größeres und höheres Trachten greifen,
ihn durch das Walten in der Geschichte der Versöhnung
entgegenzuführen. Die Aufgabe ist größer, die Zeit der
Erfüllung länger als in dem kleinen Reiche, wenn du
willst unendlich lang; aber auch die Mittel in Gott größer,
du kannst glauben unendlich groß, und die Erfüllung in
der Ewigkeit deßhalb vollkommener und sicherer.

All das aber könnte ein Roman sein, und daß Alles
wohl darin zusammenpaßt, würde nicht hindern, daß es
ein Roman sei, denn diesen Vorzug hat jeder gute Ro=
man; wenn die Analogie, die uns aufwärts geführt hat,
auch das Einzige wäre, auf das wir uns dabei zu verlassen
hätten, nicht die Leiter, auf der wir stiegen, zum untern
wirklich auch den obern Stützpunct hätte. Nun aber führt
uns unser Steigen von dem einzigen festen und klaren
Ausgangspuncte alles menschlichen Wissens um geistige

Dinge, d. i. der Betrachtung des Menschengeistes selbst, im folgerechten Wege der Erweiterung und Steigerung, den das Princip gebietet, zum Glauben an denselben einigen, unendlichen, ewigen, allwissenden, allmächtigen, allgütigen Gott, auf den wir historisch durchschlagend durch das Christenthum und mit praktischer Nöthigung geführt sind, einen Urquell, Hort, ein Liebesband aller Geister, der um die Gedanken aller seiner Geschöpfe weiß wie sie selber, aus dem alle hervorgegangen sind, und in dem sie doch noch leben, weben, sind, wie er in ihnen, der Alle liebt, wie jemand sein eigenstes Eigenthum lieben kann, der Alles im Laufe der Zeiten durch die Ewigkeiten zum gemeinsamen Beßten Aller fügt und lenkt, auf den die endlichen Geister ein gränzenloses Vertrauen in dieser Hinsicht setzen können, sofern das, was schon jeder endliche Geist anstrebt und um so sicherer und vollkommener erreicht, je umfänglicher sein Wissen, je höher sein Trachten, je mächtiger sein Wollen ist, von Gott, dem Allwissenden, Allgütigen, Allmächtigen im vollsten Grade zu erwarten ist; nur daß nicht vom Augenblicke das verlangt und erwartet werde, worin sein ewiges Trachten und Wollen sich erfüllt. Es führt nur unser Steigen weiter in derselben Richtung fort, die historisch schon eingeschlagen ist, und sich als die praktisch am beßten einschlagende erwiesen hat, und giebt dem Glauben neue Entwickelungsmomente.

Mag es nun auch sein, daß die heutige christliche Auf-

fassung wenig Ernst mit dem Worte macht, daß alle Gei=
ster, wie sie aus Gott hervorgegangen sind, auch noch in
Gott leben und weben und sind, vielmehr in widerspruchs=
vollster Weise dasselbe dem Wortlaute nach zugiebt, der
Sache nach verleugnet, und die endlichen Geister dem
göttlichen äußerlich gegenüberstellt, wie sie selber unter
einander stehen, damit ihn selbst in die Endlichkeit des
äußern Gegenüber herabzieht; so wird uns nun unser Ar=
gument selbst Ernst mit dem Worte machen lassen. Hat
sich doch mit dem klaren Ausspruche desselben in den Quel=
len der christlichen Lehre die Nothwendigkeit bewiesen, auf
eine Vorstellung einzugehen, die sich durch unsern Schluß
zugleich festigt und widerspruchslos klärt. Gehen doch
auch aus unserm Geiste Vorstellungen, Ideen hervor,
ohne deßhalb den Geist zu verlassen; nur insofern kann
Gott um unsre Gedanken wissen wie wir selber; und wenn
sich Geister in Gott streiten, so wird es eben auch nur
dasselbe in höherm Sinne sein, was wir schon in unserm
Geiste finden, wenn sich Einzelnheiten, Gefühle, Gedan=
ken in den untern Gebieten unsers Geistes streiten und
selbst wider den Sinn und das Trachten des ganzen Gei=
stes streiten, nur daß sich in ihm eben ganze Geister streiten
können, in uns blos geistige Momente; darin ist Gott
über uns und sind wir unter Gott, das Stockwerk unter
dem Thurm. Der rechte Geist aber, behält er nur sein
Leben, wird endlich Alles zur Einstimmung unter einander

und mit seinem obersten Willen bringen, und selbst seine höchste Aufgabe darin finden, es zu thun; von Gottes Geist, dem ewig lebenden, wird das in höchster und letzter Instanz gelten, und der endliche Geist wird es selbst nur durch Eingehen in Gottes Sinn erreichen.

Indem so mit unserm Argument in der Auffassung des göttlichen Wesens den allgemeinsten Gesichtspuncten des Christenthums genügt wird, wird zugleich den verschieden= sten Richtungen, in welche dasselbe auseinandergegangen ist, genügt, soweit ein gemeinsames Genügen derselben überhaupt möglich ist.

Es wird damit dem Mystiker genügt, der sich ganz in Gott versenken möchte, und in der vollständigsten Versen= kung in Gott die vollkommenste Befriedigung sucht. Er ist ja schon in Gott versenkt; nur wird er auch erkennen müssen, daß das Sein in Gott nicht hinreicht, Gott zu genügen und das vollkommenste Genügen zu finden, da vielmehr Unzähliges schon von unserm kleinen Geiste ver= worfen wird, was in ihn als Vorstellung eingeht, und zu beseitigen gesucht wird, was ihm im Gefühl zuwider, so mehr in Gottes großem Geiste; daß es vielmehr gilt, den Sinn Gottes nach höchsten und letzten Beziehungen klar zu erkennen und ihm gerecht zu werden. Damit erst wird er der vollen Seligkeit theilhaftig werden, die er leichten Kaufes an das Gefühl knüpfen möchte, nur überhaupt in Gott zu sein.

Es wird damit dem Rationalisten genügt, der einen vernünftigen Weg, zu Gott zu gelangen und klare Vorstellungen von ihm verlangt. Einen einfachern Weg zu Gott als unser Argument kann die Vernunft nicht finden, und klarere Vorstellungen, als es von ihm gewährt, nicht gewinnen. Nur wird die Vernunft sich bescheiden müssen, nicht aus abstracter Leere zu Gott herabsteigen zu wollen, sondern von festem Grunde zu ihm heraufzusteigen, und in diesem Steigen sich nicht auf sich allein zu verlassen, sondern nur so zu steigen, daß mit der eigenen Foderung auch die historische und praktische Foderung erfüllt wird.

Es wird damit dem Offenbarungsgläubigen genügt, der die Mittheilung der höchsten Wahrheiten Gott selbst durch eine Inspiration von ihm bevorzugter Geister verdanken will. Denn, wenn schon der kleine Menschengeist nicht in jeden Gedanken, jedes Gefühl sein ganzes Wesen legt, nicht jeder Moment seines Lebens richtungsgebend ist für alle oder nur für eine große Folge, nicht jeder es nach höchsten und letzten Beziehungen ist; doch giebt es solche schon im kleinen Menschengeist und Leben; so giebt es im unendlichen Geiste statt kleiner Momente des kleinen Geistes ganze Geister, die doch wieder nur Momente des großen Geistes sind, in denen das Wollen, Wissen, Wesen des göttlichen Geistes nach höchsten und letzten Beziehungen sich in einem Einflusse auf die ganze oder eine große Folge

vor andern bethätigt, und welche zu Lehrern und Führern
für die andern Geister werden. Solche Ausnahmen vom
gewöhnlichen Gange der Geschichte mag man füglich als
Offenbarungen Gottes in vorzugsweisem Sinne bezeich=
nen; nur daß man keine Ausnahmen von der Natur der
geistigen Dinge und des geistigen Geschehens, sondern
nur die höchsten bewußtesten Bethätigungen derselben
darin zu sehen hat.

Bei diesem Allen macht sich der Ernst des Glaubens
geltend, daß wir in Gott nicht außer Gott sind. Es ist
überhaupt ein Glaube, an dem große Güter hängen, die
freilich verkümmert und verloren bleiben, so lange der
Ernst des Glaubens verkümmert und verloren, der Glaube
selber nur ein bloßes Wortspiel bleibt; bei unserm Argu=
ment aber ist das unmöglich, weil es selbst nur in solidari=
scher Verbindung mit diesem Glauben zu Stande kommt.
Man muß ihn nur nicht sich selbst durch Irrthümer verküm=
mern, wie, daß wir mit unserm Sein in Gott der Selb=
ständigkeit und Freiheit verlustig gehen. Denn warum sollte
nicht unser Wille seine Selbstmacht unter Gottes höherm
Willen behaupten, ja ihm widerstreben können, trotzdem,
daß er desselben Geistes ist, da so Vieles in niedern Gebieten
unsers eigenen Geistes selbstmächtig ja wider unsern Wil=
len entsteht und geht, genug nur daß der höhere und
höchste rechte Wille doch schließlich die Oberhand behalte.
Oder daß die Sünde unsers Willens im Widerstreben

gegen Gottes Willen dadurch zu Gottes Sünde werde, daß wir in Gott sind. Denn Sünde bezieht sich blos auf den Willen des ganzen Geistes, der nicht gegen sich selbst gerichtet sein kann. Wir gewinnen aber mit dem Glauben in Gott zu sein zugleich das Gefühl einer innigeren Beziehung zu Gott und durch Gott zu einander, das Vertrauen der endlichen Erlösung von allem Uebel und die Sicherstellung unsrer dereinstigen Aufhebung zu einem höhern Dasein. Das Erste selbstverständlich, sofern wir uns damit als unmittelbare und gemeinsame Theilhaber des Einen Geistes fühlen; das Zweite, sofern es in der Natur des Geistes liegt, kein Uebel unausgeglichen, ungehoben, unversöhnt, in sich dulden zu können, dem unendlichen Geiste aber auch eine unendliche Zeit und unendliche Mittel dazu zu Gebote stehen; das Dritte endlich werden wir bei Betrachtung des folgenden Hauptstückes des Glaubens finden.

Nun kann man nur noch fragen: und warum hebt Gott der Allmächtige, Allgütige, Allweise das Uebel doch nicht plötzlich? Und weiter fragen, warum ist Uebel überhaupt mit einem, in einem solchen Gotte, da?

Da haben wir zu glauben, weil wir nichts Besseres und Vernünftigeres glauben können, daß das Dasein des Uebels und die Unmöglichkeit seiner plötzlichen Hebung mit den letzten Bedingungen des Daseins selbst eben so verwachsen sind, als das Streben und die fortschreitende

Erfüllung des Strebens seiner Hebung mit dem innern
Wesen des Geistes, welcher des Daseins waltet. Wer sich
aber scheut, den Begriff des Uebels in Gott hineinzu=
tragen, vergesse nicht, daß was uns endlichen Theilha=
bern seines Wesens in einem niedern Gebiete als Uebel
erscheint, für ihn eben damit dieselbe Bedeutung nicht
mehr hat, daß es nur das von unten treibende Motiv zu
seinem höhern Wollen und Walten ist, ohne dieß selbst
treffen, erreichen und davor Stand halten zu können.
Weiß aber jemand einen besseren und vernünftigeren
Glauben in dieser Hinsicht aufzustellen, so sei er an die
Stelle dieses Blattes geschrieben *).

Wir sprachen nur von Gott; wie aber ist es mit dem
Jenseits? Wo finden wir dafür in unserm Argumente den
Grund? Und Gott und Jenseits sollen doch zusammen=
hängen; nicht also ihre Gründe? Und wo den Grund für
jene höhern Geister, die zwischen Gott und uns vermit=
telnd aus dem Jenseits in das Diesseits übergreifen?
Verlangten wir nicht selbst von alle dem die zusammen=
hängende Begründung? — Ich meine aber, eben nirgends
als in unserm Argument ist sie zu finden. Von selbst
giebt es das Eine mit dem Andern; ja vermag gar nicht

*) Im 8. Kap. der Schrift über die Seelenfrage glaube ich die
Einwürfe, welche man überhaupt gegen die Immanenz der endlichen
Geister im göttlichen Geiste erheben kann, eingehend genug berücksich=
tigt zu haben, um mich hier mit obigen Andeutungen zu begnügen.

das Eine ohne das Andre zu geben; so fest verwachsen ist auch hier das Himmelreich.

Wie der Mensch geboren wird, hebt sein Geist zugleich von Oben und von Unten an, von Oben mit der ganzen Einheit des Bewußtseins, von Unten mit den Einzelheiten der sinnlichen Anschauungen, Empfindungen, Gefühle, Triebe; nichts weiter. Dazwischen schieben sich bei des Lebens Fortschritt Vermittelungen ein. Die Geisteshöhe, was wir so nennen, wächst, je höher die Vermittelungen zwischen Unten und Oben aufsteigen, die Geistesweite wächst, je mehr die Basis wächst, von der an sie aufsteigen. Und wodurch gewinnt er die Vermittelungen zwischen Unten und Oben? Was in die Sinnlichkeit getreten ist, es erlöscht, um Neuem darin Platz zu machen; doch was erloschen ist, erwacht wieder auf einer neuen Stufe, in einem neuen geistigen Stande, und jenes Erlöschen selbst ist Grund, daß es also erwachen kann, lebt fortan fort in Erinnerungen, wirkt fort in Phantasievorstellungen, geht im geistigen Nachklange mit den Nachklängen früher erloschener Anschauungen, Empfindungen, Gefühle, Triebe, in höhere Begriffs- und Ideenverbindungen, Zweckvorstellungen, Willensbestimmungen, Strebungen bestimmend und bestimmbar ein; und verknüpft so durch aufsteigende Vermittelungen die sinnliche Basis nach verschiedenen Richtungen zugleich in sich und mit der geistigen Spitze. Pein heftet sich an die Erinnerung jeder bösen Lust und That,

wie Freude an die der guten. Denn anders rechnet der
Geist von Oben her als von Unten, und die Erinnerung
begegnet dem oberen Gerichte.

So haben wir schon in unserm eigenen Geiste über
einer niedern Welt eine zweite höhere Welt, von welchen
die zweite aus der ersten herauswächst, sich so zu sagen
mit den Seelen, die aus den Leichnamen der ersten empor-
steigen, bevölkert. Heiße die erste kurz die Anschauungswelt, die zweite die Erinnerungswelt, obwohl die Namen
zu eng sind für die Sache.

Und so dürfen wir glauben, was wieder seiner Natur
nach niemals Sache des Wissens werden kann, da wir
damit eben wieder nur das glauben, was wir von andrer
Seite her zu glauben Anlaß haben, daß es auch im göttlichen Geiste in entsprechendem nur höherm Sinne eine Erinnerungswelt über der Anschauungswelt geben wird, also
daß unser ganzes diesseitiges menschliches Anschauungs-
und Erinnerungsleben selbst nur der niedern Welt in Gott
angehört; dürfen glauben, daß in der Welt des großen
Geistes jeder Geist nach Erlöschen der umschränkten irdisch-
sinnlichen Bedingungen seines Daseins in einem höheren
Gebiete, in einer höheren Zuständlichkeit noch fortleben,
fortwirken, mit den Geistern früher Dahingeschiedener in
eine höhere als die diesseitige Gemeinschaft treten und nach
Maßgabe seines diesseitigen Trachtens und Thuns Pein
oder Seligkeit davon tragen wird.

All' das könnte wieder ein Roman sein und kann es wieder nicht sein aus entsprechenden Gründen, aus denen es der entsprechend begründete Glaube an Gott nicht sein kann; er giebt uns wieder, was uns die Geschichte gab und was wir fodern müssen. Denn meinten wir nicht schon sonst, mit dem Tode in ein höheres Reich einzugehen, uns dort mit unsern Lieben zu begegnen, Vergeltung dort zu finden, und bedürfen wir nicht dieses Glaubens? Woher freilich nähmen wir sonst die Bürgschaft, daß selbstständige Geister in Gott eben so in ein Jenseits aufsteigen können, als unselbstständige Geistesmomente in uns, daß wir nicht mit solcher Steigerung in's Leere hinein steigern. Nachdem wir aber damit Alles wiederfinden und es auf keinem andern Wege wiederfinden können, was wir schon vorher hatten und brauchten, was hindert, dem einzigen Wege, der es möglich und noch mehr möglich macht, zu vertrauen? Natürlich, da wir keine ganzen Geister mit einem höhern Reich darüber in uns haben, können solche auch nicht in uns aufsteigen. Besteht aber Gottes Höhe über den endlichen Geistern selbst mit darin, daß er solche mit einem Reich darüber in sich hat, warum sollten sie weniger in ihm aufsteigen können, als unselbstständige Geistesmomente in uns, nachdem auch die Selbstständigkeit der Geister in Gott nur eine relative ist, wie die Unselbstständigkeit der Geistesmomente in uns.

Oder sollte uns das selbst den Glauben an das Jenseits

verkümmern, daß er den Glauben an Gott, und unser Sein in Gott fodert. Vielmehr, daß wir Einen Grund zu allem diesen Glauben haben, muß einen durch den andern festigen und stärken. Gäbe es freilich keinen Gott, in dem unsre Geister leben, weben, sind, so könnten sie auch nicht in Gott aufsteigen, und zerflösse unser Bewußt= sein mit dem Tode in das Leere; gäbe es kein Jenseits, so wäre Gott selbst eines höheren Bewußtseinsinhalts baar.

Ist doch überhaupt jede Einzelnheit, die einmal in unser Bewußtsein eintrat, fähig als Erinnerung darin wiederzukehren; wie sollte dasselbe, was von allen ein= zelnen Bestimmungen unsers Bewußtseins gilt, nicht von unserm ganzen Bewußtsein gelten, wenn nur eben ein größerer Geist da ist, in den es seinerseits wieder als Einzelnheit eintritt. So leuchtet ein, zugleich, wie sehr wir zu unserm künftigen Leben des Seins in Gott bedürfen, wie sichergestellt aber auch das künftige da= durch ist, daß schon das jetzige in Gott geführt wird. Und kommt uns jetzt in Gott das Gefühl der eigenen Individualität und Selbstständigkeit zu — daß die Got= tes darüber ist, vernichtet ja nicht die unsre — so wird es nicht minder auch unsrer Erinnerungswiedergeburt in ihm zukommen; denn jede Erinnerung nimmt die Eigen= genthümlichkeit dessen, woraus sie erwuchs, mit sich. Kehrt aber doch nicht wirklich jede Einzelnheit in uns als be= wußte Erinnerung wieder, warum sollten wir dem gött=

lichen Geiste in dieser Hinsicht nicht ein mächtigeres Ver=
mögen als uns zutrauen; da wir ja überall nicht das mit
uns Gleiche, sondern Höhere und Mehrere des Gleichen
von Gott zu erwarten haben. Die Pflanzenseele hat gar
kein Erinnerungsvermögen, das Thier, das neugeborne
Kind ein schwaches; das Erinnerungsvermögen steigert sich
allgemeingesprochen mit der Geisteshöhe der Geschöpfe;
also mögen wir weiter bis zum geistigen Schöpfer steigern.
Scheint aber theoretisch unsicher, was wir so ersteigen;
es ist's wirklich; so sichern wir es wieder durch seine Be=
gegnung mit der praktischen Foderung, die ihrerseits das
theoretische Entgegenkommen fodert.

Verlangen wir endlich nach Erlöschen der irdisch=sinn=
lichen Bedingungen unsers diesseitigen Anschauungslebens
neue für unser höheres Erinnerungsleben in Gott, und
fragen, wo sie sind, so fragen wir uns doch erst, ob wir
sie schon für das diesseitige Erinnerungsleben in uns selber
kennen, und verlangen nicht, daß wir die größere Frage
vor der kleinern lösen sollen. Wir kennen die körperlichen
Bedingungen des Erinnerungslebens in uns selber nicht,
so wenig, daß Manche bezweifeln, es bedürfe überhaupt
noch solcher; aber ein Erinnerungsleben in uns ist da,
also wird um so mehr ein solches in Gott da sein können,
ohne daß wir die körperlichen Bedingungen dazu kennen
und gleich viel ob es solcher noch bedarf. Einiges sehr
Allgemeine aber wissen wir doch wirklich vom körperlichen

Bedingtsein unsrer Erinnerungen; sie schweben doch nicht
im Leeren; sie wohnen im Gehirn; sie heften sich da an
die Folgen dessen, woran sich die Anschauung geheftet,
sei's was es sei, und werden sich unstreitig nicht in Be=
griffen und Ideen verknüpfen können, ohne daß die Kreise
der ihnen unterliegenden Wirkungen sich körperlicherseits
verknüpfen. Also dürfen wir auch hievon das Entspre=
chende, nur wie Alles in diesem Gebiete Größere für unser
künftiges Erinnerungsleben in Gott erwarten, und wer=
den es beim Argumente vom Körper finden. Jetzt aber
lassen wir das Argument vom Geiste erst noch seinen letz=
ten Schritt thun, um damit zum dritten Hauptstücke des
Glaubens zu gelangen und es mit den beiden andern in
dasselbe Band zu schließen.   -

Das Reich unsrer Anschauungen läßt nicht nur immer
neuen Stoff in unser Erinnerungsleben aufsteigen und
greift mit neuen Bestimmungen in dasselbe ein, sondern
empfängt umgekehrt Bestimmungen, Leitung, Bedeutung,
höhere Führung von da, ja ist associationsweise ganz damit
durchflochten. In Alles, was wir sehen, geht die Erinne=
rung von allem damit Zusammenhängenden und Verwand=
ten, was wir je gesehen, stillschweigend ein, und macht
damit den grünen Fleck zum Walde, den weißen zum
Hause; sonst hätte das Auge nichts als bedeutungsleere
Farbenflecke. Das ganze frühere Anschauungsleben wirkt
so in seinen Nachklängen in dem spätern fort; dieselbe

Erinnerung verknüpft unzählige Anschauungen durch das, was sie damit gemein hat, und unzählige Erinnerungen verbinden sich mit einander, den neuen Anschauungen Bedeutung zu geben und sie dem geistigen Zusammenhange einzuordnen. Ja das ganze heutige Anschauungsleben vermag das gestrige eben nur dadurch stetig fortzusetzen, daß der ganze Zusammenhang des früheren in Erinnerungen und daraus und darüber erwachsenen Begriffen und Ideen in dem jetzigen fortwirkt. Indem aber so das frühere Leben durch Vermittelung des Erinnerungslebens im jetzigen fortgesetzt und im frühern Sinne fortentwickelt wird, empfängt das Erinnerungsleben zugleich neue Bestimmungen vom jetzigen.

So treibt das Erinnerungsleben seine Wurzeln nach Unten in das Anschauungsleben hinein, aus dem es seine Säfte zieht; doch wächst zugleich nach Oben hoch darüber hinaus und hat, wie die Krone des Baumes über den Wurzeln, sein eigen Reich. Anstatt in jenen Eingriffen in das Sinnesleben aufzugehen, erhebt es sich in der Abgezogenheit davon zur größten Helligkeit, zum in sich selbst zusammenhängenden Bewußtsein. Da wird bedacht und in Zusammenhang gebracht und höher ausgearbeitet, was erst aus der Anschauungswelt hineingekommen; wie sich aber damit das ganze Erinnerungsleben selbst zu immer größerer Höhe steigert, greift es auch wieder aus größerer Höhe in das Anschauungsleben zurück.

Und so dürfen wir wieder glauben, was wir nicht wissen können, daß es in höherem Sinne im Reiche Gottes sein wird. Die ganze geistige Cultur der Vergangenheit trägt sich auf die Gegenwart über und wirkt auf jeden neuen Menschen von Anfange an und fortgehends bestimmend ein und jeder wirkt nur immer von Neuem mit oder gegen oder zu dem hinzu, was er von der Vergangenheit in sich aufgenommen. Gott aber weiß um Alles, und die Geister der Dahingeschiedenen, die in ihm aufgestiegen, sind Träger des Bewußtseins dieser Wirkungen in ihm, womit sein Jenseits in sein Diesseits eingreift, ein Jeder eben von dem, was von ihm ausgegangen, und entwickeln das, was sie hier zusammen begonnen haben, auch zusammen mit Gottes Hülfe und als Gottes Hülfe in dem Diesseits weiter, nicht aber mehr gebunden an die alten Schranken. Alles, was von Ideen und sonstigen Wirkungen eines Geistes, der früher lebte, im diesseitigen Bewußtsein von tausend jetzt Lebenden getrennt erscheint, verknüpft sich im jenseitigen Bewußtsein desselben Geistes, von dem es ausgieng, und dieses verknüpft damit die diesseitigen Geister. Nur muß das diesseitige Bewußtsein des Ausgangs erst erloschen sein, ehe das jenseitige der Folgen erwachen kann; indem das eine eben nur erwacht, wie sich das andre darein umsetzt, und können die diesseitigen Geister des sie verknüpfenden Bewußtseins der jenseitigen Geister eben so wenig gewahren, als des gleichen der

gegenüberstehenden Geister, indeß doch jeder von seinem
Bewußtseinsinhalt etwas mit ihm theilt und Anregungen
daher empfängt.

Also verknüpft ein jeder abgeschiedene Geist eine ganze
Schaar Lebender und hilft sie führen, und begegnet sich
darin harmonisch oder streitend mit andern abgeschiedenen
Geistern, indeß keiner ganz einen ganzen Menschen führen
kann, und jeder jeden nur in dem, worin er sich führen
läßt. Und indeß er ihn in seiner Richtung führt, so weit
er es vermag, empfängt er selbst Bestimmungen durch
dessen Leben, sieht mit durch sein Auge, hört mit durch
sein Ohr, was ihn gemeinsam mit demselben angeht, und
nimmt den Gedanken,. zu dem er ihn bestimmt hat, umge=
stimmt zurück. Denn der diesseitige Mensch ist nicht blos
ein passiver Tummelplatz jenseitiger Geister, indeß es ja
factisch ist, daß er in unzähligen Dingen durch die Fort=
wirkungen früherer Geister bestimmt wird; ja wer vermag
rein zu scheiden, was er von sich und von daher hat; es
ist eben deßhalb unmöglich, es rein zu scheiden, weil es
nicht rein geschieden ist. Nicht das also ist Glaubens=
sache, — und wohl gilt's dieß zu unterscheiden — daß
unzählige frühere Geister in jeden Menschen durch ihre
Fortwirkungen hineinwirken, vielmehr Thatsache, auf wel=
cher der Glaube fußen darf; nur das ist Glaubenssache,
wozu es des Aufsteigens über die Thatsachen des diessei=
tigen Bewußtseins am Faden der Analogie mit diesen

Thatsachen bedarf, daß es auch ein jenseitiges Bewußtsein dieses Fortwirkens gebe.

Wurzelt nun aber hienach das Jenseits eben so im Diesseits, wie unser Erinnerungsleben in unserm An= schauungsleben, so dürfen wir auch glauben, was freilich wieder keine Thatsache des diesseitigen Bewußtseins selbst sein kann, daß es eine entsprechende Krone darüber hinaus tragen werde, und das Leben der Geister im Jenseits nicht ganz im Hineinwirken in das Diesseits aufgehen werde. Vielmehr wie die Gedanken in uns am lebendigsten und höchsten in Abgezogenheit vom Sinnesleben gehen, mag auch die höchste und reinste Entfaltung des jenseitigen Lebens der Geister in Gott in größter Abgezogenheit vom diesseitig irdischen stattfinden, und Nacht und Schlaf des Diesseits selbst die Bedeutung haben, es dazu erwachen zu lassen; wie schon der Volksglaube sagt, daß die Geister in der Nacht gehen.

Wie also Gott im höchsten und allgemeinsten Sinne in uns lebt und webt und ist und wir in ihm, so, nach der Gesammtheit des Vorigen, die Geister der Abgeschiedenen in uns und wir in ihnen nach den besondern Beziehungen, die sie zu uns und Gott haben, und werden eben damit zu Vermittlern zwischen ihm und uns. Die größten und beßten Geister aber werden es auch in größtem und beßtem Sinne, nach höchsten religiösen Beziehungen für die Chri=

sten über Alles Christus, mit Recht darum schlechthin der Mittler genannt.

Und wieder sagen wir mit alle dem im Grunde nur Dasselbe, was schon die Bibel sagt, von Christus ausdrücklich sagt; er aber soll ein Vorbild sein für Alle und die Christen einst bei ihm. Man hat in der That in der Bibel schon den ganzen Glauben, den wir haben; es gilt nur eben wieder Ernst mit Worten zu machen, die auch die Wortgläubigsten oft nur für Worte nehmen; wir aber nehmen mit unserm Glauben die Bibel selbst beim Worte.

Joh. XIV. 20. An demselbigen Tage werdet ihr erkennen, daß ich in meinem Vater bin und ihr in mir und ich in euch.

Joh. XVII. 21—23. Auf daß sie alle Eins seien, gleich wie du, Vater, in mir, und ich in dir, daß auch sie in uns Eins seien, auf daß die Welt glaube, du habest mich gesandt.

Und ich habe ihnen gegeben die Herrlichkeit, die du mir gegeben hast, daß sie Eins seien, gleich wie wir Eins sind.

Ich in ihnen, und du in mir, auf daß sie vollkommen seien in Eins.

Joh. XIII. 20. Wahrlich, wahrlich, ich sage euch, wer aufnimmt, so ich jemand senden werde, der nimmt mich auf; wer aber mich aufnimmt, der nimmt den auf, der mich gesandt hat.

Joh. XV. 4. 5. Bleibet in mir und ich in euch. Gleichwie der Rebe kann keine Frucht bringen und von ihm selber, er bleibe denn am Weinstock; also auch ihr nicht, ihr bleibet denn in mir.

Ich bin der Weinstock, ihr seid die Reben. Wer in mir bleibet, und ich in ihm, der bringt viele Frucht; denn ohne mich könnet ihr nichts thun.

Gal. II. 20. Ich lebe aber; doch nun nicht ich, sondern Christus lebet in mir. Denn was ich jetzt lebe im Fleisch, das lebe ich im Glauben des Sohns Gottes.

1. Cor. VI. 17. Wer aber dem Herrn anhanget, der ist ein Geist mit ihm.

Matth. VIII. 20. Und siehe ich bin bei euch alle Tage bis an der Welt Ende.

Matth. XVIII. 20. Denn wo Zween oder Drei versam=melt sind in meinem Namen, da bin ich mitten unter ihnen.

Dasselbe aber, was die Bibel sagt und was wir glau=ben, wird allwärts gesagt, nur nicht geglaubt. Denn wie oft hört man doch sagen, der Geist von dem und jenen lebe in dem und jenen, seinen Kindern, seinen Schülern fort; fast unwillkührlich verfallen Philosophen, Theolo=gen, Mystiker, um vom Jenseits etwas Tiefsinniges und Erbauliches zu sagen, in Ausdrucksweisen, die man nur wörtlich zu nehmen braucht, um unsre Ansicht wörtlich zu haben *); ganze Glaubenssysteme fallen fast ganz damit zusammen **); Ungläubige selbst bestreiten den Glauben nur mit uneigentlicher Fassung derselben Worte, mit deren eigentlicher Fassung wir ihn behaupten ***); und Bedürf=

---

*) S. Zend=Avesta III. S. 78. 315 ff.
**) Ebendas. S. 59 ff. 79 ff. 8 ff.
***) Ebendas. S. 331.

niſſe, um deren willen man unmögliche Anſichten erſonnen
hat, finden darin die allein mögliche Erfüllung *).

In der That aber, welch' ſchöner und heilſamer Ent=
wickelung iſt dieſer Glaube auch in praktiſcher Richtung
fähig. Je mehr wir unſer Sinnen, Denken, Trachten
nach Einem, den wir lieb hatten oder hoch hielten, richten,
in ſeinen Sinn eingehen, ſeine Werke fortſetzen, ſo mehr,
dürfen wir glauben, werden wir Theil an ihm und er an
uns gewinnen, deſto inniger und feſter mit ihm verwach=
ſen und uns ſchon im Dieſſeits auf die Bewußtſeinsge=
meinſchaft, die wir dadurch im Jenſeits mit ihm gewinnen,
freuen können. Der Glaube, der durch alle Völker geht,
und nur bei den Proteſtanten ganz verkümmert iſt, daß
die Lebenden noch etwas für die Todten thun können, hat
nun ſeinen Grund und ſeine Stütze. Denn Alles, was
wir ſo thun, wie es ihnen, da ſie noch außer uns lebten,
gefallen haben, zu Statten gekommen ſein würde, wird
ihnen, da ſie in uns wohnen, leben, um ſo mehr gefallen,
zu Statten kommen, und beitragen, ihre Stätte im Jen=
ſeits wohnlicher zu machen. Unmittelbarer aber als Alles,
was wir in ihrem Sinne thun können, wird die Liebe,
Achtung, Verehrung, der Dank, womit wir ihrer den=
ken, die Ehren, die wir ihnen noch bezeugen, dazu wir=
ken, indem ſie auch unmittelbar von ihnen empfunden

---

*) Ebendaſ. S. 314.

und genossen werden. Und darin wird von einer Seite
ein Anlaß liegen, schon im diesseitigen Leben so zu han=
deln, daß die uns Ueberlebenden geneigt sein können, in
unserm Sinne fortzuhandeln, unser noch mit Liebe, Ach=
tung, Verehrung, Dank zu denken, uns nach dem Tode
noch zu ehren, von andrer Seite ein Theil des jenseitigen
Lohnes derer liegen, die so gehandelt haben, und ein Theil
der Strafe derer, die nicht so gehandelt haben; endlich der
beßte Trost derer, die einen geliebten Todten beklagen.
Sie wissen, er ist noch für sie, sie sind noch für ihn da;
und es hängt nur von ihnen ab, ihm noch zu geben und
von ihm zu nehmen; ja mehr noch als im Diesseits.

Viel mag von diesem Verkehr im Unbewußten bleiben;
indem wir uns aber mit den Gedanken bewußt zu den
jenseitigen Geistern erheben, mögen sie auch nach höheren
Associationsgesetzen bewußt bei uns wie wir bei ihnen
sein, oder mit dem, womit sie in uns eingehn, bewußt in
uns wie wir in ihnen; denn wir schneiden uns ja mit
unseren Bewußtseinskreisen. Auch das hat schon der
Christenglaube darin, daß die bewußte Hinwendung zu
Christus auch eine bewußte Wendung desselben zu uns
mitführt; und Christus wird auch hierin nur ein Vorbild
sein für Alle. Und mit je hellerem Bewußtsein wir der
Abgeschiedenen denken, so bewußter und lebendiger wird
der Verkehr zwischen ihnen und uns. Daß wir aber das
wissen, wird selbst beitragen, ihn bewußter und lebendiger

zu machen; indeß sonst Dießseits und Jenseits sind wie
Zweie, die nicht mit einander reden, weil Jeder vom An=
dern meint, daß er ihn nicht höre oder nicht verstehe. Die
Denkmale, die Feste zum Andenken der Großen und Guten
werden größere und tiefere Bedeutung, und die Kunst neue
lebendige Antriebe damit gewinnen. Jedes Standbild,
das einem großen und guten Manne errichtet ist, indem
es die Erinnerung an ihn wach erhält und in unzähligen
Menschen einpflanzt, erhält etwas von seinem bewußten
Leben in der Nachwelt wach.

Das ist, meine ich, das Bessere zugleich und Mehrere,
was man für jenen rohen Glauben an den Verkehr zwi=
schen Dießseits und Jenseits geben kann, der sich in nicht
schlechthin verwerflichem, nur noch zu läuterndem, Sinne
im Todtendienst, der Heiligenanbetung, den Gebeten für
die Verstorbenen, in schlechtem Sinne in der Geisterbe=
schwörung geltend gemacht hat; nichts Besseres und Meh=
reres aber, sondern nur die Bekräftigung und Erläuterung
desselben Glaubens, den wir nach der Bibel selbst von der
Beziehung des jenseitigen Daseins Christi zu unserm dies=
seitigen haben sollen.

Das Argument vom Körper.

Unser diesseitiger Geist ist an einen begränzten Theil
der Körperwelt gebunden, und was in unserm Geiste ent=
stehen und gehen mag, es entsteht und geht etwas in die=

sem kleinen Theile der Welt in Wechselbedingtheit mit.
Das Dasein andrer endlicher Geister erkennen wir daran,
daß sie an ähnliche begränzte Theile der Welt mit ähnlichen
Vorgängen gebunden sind. Es steht aber der Theil der
Welt, an den unser eigener Geist gebunden ist, einerseits
in solchen Beziehungen der Aehnlichkeit, anderseits der
Wirkung, drittens der Entstehung, viertens des theil=
haften Inbegriffenseins, fünftens der zweckmäßigen Ein=
rechnung, überhaupt der Unterordnung zu der, Organi=
sches und Unorganisches in einer höheren organischen
Verknüpfung inbegreifenden Welt, daß wir nicht um=
hin können, sie nur für das Größere, Höhere, Weitere,
Allgemeinere dessen zu halten, woran unser eigener Geist
geknüpft ist, also auch einen größeren, höheren, weiteren,
allgemeineren Geist als unsern eigenen damit in Beziehung
zu denken, indem wir zugleich diesen selber theilhaft und
in Unterordnung darin inbegriffen denken. So trifft das
Argument vom Körper mit dem Argument vom Geiste
ganz zusammen.

Ich wiederhole nicht die weite Ausführung, die ich
diesem Argumente nach allen seinen Seiten und Theilen,
die eben so viel besondere Argumente bilden können,
anderwärts gegeben, indem ich von den großen Theil=
ganzen der Welt zum Ganzen aufstieg*). Es mag an

---

*) Zend=Avesta Th. I. und II. und Seelenfrage Kap. IX.

einigen allgemeinen Betrachtungen auf seinem Grunde genügen.

Das vorige Argument gab dem Christenthum sein Recht, dieß giebt dem Heidenthum sein Recht, und auch dieses hat sein Recht, nicht zwar nach dem, worin es den Grundideen des Christenthumes widerspricht, aber nach dem, was sich davon in diesen Ideen aufheben läßt; dazu aber müssen sich diese Ideen über die Schranken, die man ihnen gezogen, erweitern, und diese Erweiterung ist es, die das jetzige Argument fodert.

Wie Gott in der herrschenden christlichen Ansicht abge= löst wird von den Geistern, wird er abgelöst von der Natur, in welche das Heidenthum ihn nicht nur ganz versenkt, sondern in die es ihn zerspaltet und zerstückelt. Diese Vermischung Gottes mit der Natur, diese Zerspaltung und Zerstückelung in die Natur ist das Unrecht des Heiden= thums, jene abtrennende Ueberhebung über die Natur das des Christenthums.

Zwar auch in der christlichen Ansicht ist die Rede von einem allgegenwärtigen und allwaltenden Gott, ohne den kein Haar von unserm Haupte, kein Blatt von einem Baume fällt; doch wird damit so wenig als mit dem Worte, daß wir in Gott leben, weben, sind, Ernst gemacht; vielmehr die Natur aus Gott herausgefallen, ja von ihm abgefallen, und ihren, wenn schon von ihm in sie gelegten, doch nun selbst= eigenen Kräften überlassen gedacht; sogar gab's Zeiten, wo es zum christlichen Styl gehörte, Gott durch recht tiefe Herabwürdigung der Natur zu erhöhen. Wieder aber wird uns unser Argument Ernst mit jenen Worten machen lassen, die wenigstens auszusprechen der Christ nicht umhin kann, indem es zugleich die Widersprüche löst und klärt, die ihn nicht Ernst damit machen lassen.

Unser Leib hält nur zusammen und Alles geht nur darin, sofern ein Geist dabei ist; der Materialist selbst kann es nicht leugnen, und es ändert nichts, daß er den Geist vielmehr ein Resultat nennt, als ein verknüpfendes Princip, wie wir ihn lieber nennen; so kann doch der Leib nur mit diesem Resultat zusammenhalten und Alles darin gehen. Also wird auch die ganze Welt nur zusammen= halten und Alles darin gehen, sofern ein Geist dabei ist; und es würde wieder nichts ändern, wollte der Materialist auch diesen Geist ein Resultat nennen, den ein Andrer den Urgrund nennt und wir das oberste verknüpfende Princip des Ganzen nennen. Die Sache bleibt dieselbe.

Das ist der allgemeinste Gesichtspunct der Allgegen= wart und Allwirksamkeit Gottes in der Natur, der nicht ausschließt, daß er auch nach besonderen Beziehungen in ihr wirke.

Nun tritt hiegegen auf, daß die ganze Welt vielmehr zusammenhält und Alles darin geht nach den Naturge= setzen. Aber auch unser Leib hält zusammen und Alles geht darin nach physiologischen Gesetzen, die zu den Naturgesetzen gehören. Doch ist ein Geist dabei und bleibt es wahr, daß er nur zusammenhält, so lange ein Geist dabei ist. Eins kann also nicht wider das Andre streiten. Vielmehr besteht das Dasein jener Gesetzlichkeit selbst, vermöge deren der Leib zusammenhält, und nach der es lebendig darin geht, nur mit dem Dasein des Geistes im Menschen und schwindet dem Leibe des Menschen wie der Geist ihm schwindet. Und so wird die allgemeinere Gesetzlichkeit der Körperwelt, der sie sich unterordnet, mit dem Dasein eines allgemeinern Geistes, dem sich das des menschlichen unterordnet, zusammenhängen; das hängt selbst natürlich zusammen.

Hat doch auch der Geist seine Seite der Gesetzlichkeit — wär's nicht der Fall, wie gäbe es Logik und Psychologie — und wiederum natürlich, daß, wie Leib und Geist verträglich zusammen bestehen, ihre Gesetze so bestehen. Sie thun es factisch, sonst könnten Leib und Geist selbst gar nicht zusammen bestehen und gehen; und sichtlich ist beiden das teleologische Princip gemein. Sage man nun materialistisch, der Geist sei an diese Gesetze gebunden oder idealistisch, der Geist habe sie sich und der Natur, da er sie gab, gegeben; die Thatsache, um die es hier zu thun ist, bleibt wieder dieselbe: der Zusammenhang in uns ist da; und ist er in uns da, so kann und muß er endlich auch über uns hinaus in dem da sein, woraus unser Leib und Geist selbst entsprungen und worin er noch immer theilhaft inbegriffen ist.

Auch die Uhr freilich geht nach Naturgesetzen, ohne daß ein Geist dabei ist. Aber sie gehört mit ihrem gesetzlichen Gange zu dem Ganzen der Natur, bei dem ein Geist ist, und könnte ohne das so wenig gehen, als ein Blatt nach den Naturgesetzen vom Baume, ein Haar von deinem Haupte fallen. Versuche es anders zu denken, und du wirst der Allmacht Gottes, oder der Naturgesetzlichkeit widersprechen müssen; so stimmen sie zusammen.

Nun aber, sagt man, mit aller Gesetzlichkeit ist der Geist doch auch ein freies Wesen, und wir brauchen einen freien Gott. Die Zeichen der menschlichen Freiheit sehen wir in den freien Handlungen des Menschen, die aus keinen Gesetzen des Geistes und der Natur zulänglich erklärbar sind; wo sind die Zeichen einer entsprechenden Freiheit Gottes?

Die Zeichen einer entsprechenden zugleich und gleichen nirgends, als eben im Menschen, sofern der Mensch mit seiner Freiheit selbst in Gott eingethan ist; darüber aber die ganz entsprechenden einer höhern. Denn so wenig wir die freien Handlungen des Menschen aus bekannten Gesetzen des Geistes und der Natur zulänglich erklären können, so wenig, ja noch weniger, die Schöpfung des Menschen selbst, den unberechenbaren Gang der Geschichte in der Menschheit, wenn schon wir eben so wie in der Geschichte

des einzelnen Geistes Vieles nach einer allgemeinen Gesetzlichkeit voraussehen können, nur nicht Alles, nur nicht das
wahrhaft Neue, was selbst erst Grund zu neuer Voraus-
sicht legen muß. Weist aber Solches auf Freiheit im einzelnen Menschen hin, warum nicht das, was für das
Ganze der Menschheit, ja für die ganze Welt der Geschöpfe
gilt, auf eine Freiheit über der menschlichen und aller ge-
schöpflichen Freiheit, da sich doch der Gang der Weltge-
schichte nicht aus den Gesinnungen und Handlungen der
einzelnen Menschen addiren läßt. Und muß sich die Gesetzlichkeit mit der Freiheit im Menschen irgendwie vertragen, sie thut es factisch, wird sie sich nicht eben so darüber
hinaus damit vertragen können? sie thut es eben so factisch,
so lange man überhaupt noch von Freiheit sprechen will.

Wer freilich Freiheit im Menschen in irgendwelchem
Sinne leugnet, wird sie eben so in Gott leugnen müssen.
Aber so wenig er mit jener Leugnung den Geist, den
Willen, die Möglichkeit der Wahl, die Handlungen,
die Andre frei nennen, noch ihren Zusammenhang und
ihre Folgen leugnen kann, denn sie sind factisch, wird
er es bei Gott können, und nur die Auffassung des
letzten Grundes von alle dem bei Gott wie bei den Menschen anders zu stellen haben. Die Daseinsfrage Gottes, seiner wesentlichsten Eigenschaften und die Bedeutung, die sie für uns haben, bleibt immer unabhängig von
der metaphysischen Freiheitsfrage, so gern man auch die

Klarheit der einen Frage durch die Unklarheiten der andern zu verderben liebt.

Und so überhebt uns die rechte Nutzung unsers Prin=cipes, vom Factischen immer nur auf das Factische zu schließen, und im Größeren und Höheren, nach dem wir fragen, das Größere und Höhere des Kleinen und Niedri=gen, was wir haben, zu sehen, überall des Eingehens auf den Streit zwischen Idealismus und Materialismus, Frei=heit und Nothwendigkeit, in dem sich die philosophischen Systeme resultatlos abmühen; läßt diesen Streit zwar frei, wir wollen ihn nicht tadeln; doch behält die Hand stets auf dem Factum, führt die Braut heim, indeß die Andern sich darum schlagen.

Weiter:

Wenn unser ganzer Leib nur zusammenhält, und es lebendig nur so lange darin geht, so lange ein Geist dabei ist, in diesem Sinne also unser Geist allgegenwärtig und allwirksam in unserm Leibe ist, so ist er doch nicht mit Be=wußtsein im Besondern bei jeder innern Regung unsers Leibes; der Athem geht, das Blut läuft, der Stoff wech=selt unbewußt; darüber nur im Haupte geht Vieles wie die Gedanken gehn und die Gedanken bedürfen als Unter=lage dieses Ganges; das lebendigste Bewußtsein ist bei jeder neuen geistigen Schöpfung und sie rührt das leben=digste Leben im Haupte auf. Und so mögen die Winde gehen, die Flüsse laufen, die Stoffe zwischen organischer

und unorganischer Welt wechseln, ohne daß das göttliche
Bewußtsein mit den Besonderheiten darin eben so beson=
ders mitgeht, indeß es immer mit dem Ganzen geht und
vom Ganzen getragen wird. Aber sicher war Gott mit
dem stärksten Bewußtsein bei der ersten Schöpfung seiner
beseelten Geschöpfe und ist das lebendigste Leben in der
Natur dabei aufgerührt worden, und waltet er noch heute
mit Bewußtsein in der Geschichte derselben und seine Ge=
danken bedürfen als Unterlage des Ganges dieser Ge=
schichte.

Endlich aber:

Im Menschenreiche selbst wird Vieles im halben oder
ganzen Unbewußtsein ausgeführt, was erst mit Anspan=
nung des Bewußtseins erlernt ward. In solcher Weise
spinnt die Spinnerin, schreibt der Schreiber, spielt der
Musiker. Unter dem Einflusse der Aufmerksamkeit und
des Willens haben sich zweckmäßige Einrichtungen in uns
gebildet, die später die Mitwirkung des Bewußtseins
ersparen, und zwar mußten Geist und Leib sich in Zusam=
menhange dazu einrichten, Gehirn und Hand der Spinnerin
und des Spielers zugleich mit ihrem Geiste. Ja unsre
ganze Erziehung und Bildung geht dahin, unter dem
Einflusse des Bewußtseins Einrichtungen in uns zu schaf=
fen und immer mehr auszubilden, auf deren unbewußt
gewordener Grundlage dann das Bewußtsein zu neuer
und höherer Thätigkeit aufsteigt. Und so mag auch die

ganze jetzige Einrichtung der Welt, die wir als fertige
uberkommen haben, mit ihrer Scheidung der Elemente,
des organischen und unorganischen Reiches, der Glie=
derung des einen und des andern, der Bildung des
Embryo und seines Gehirnes selbst, kurz die ganze Ord=
nung dessen, was jetzt keiner bewußten Thätigkeit mehr
bedarf, um zweckmäßig zu entstehen, zu bestehen und zu
geben, doch einer solchen Seitens Gottes seinen ersten
Ursprung verdankt haben, um nun als Unterlage und
Stufe zur Weiter=Entwickelung bewußter Thätigkeit in
der Welt zu dienen. Auch tritt das nur hinein in jenes
allgemeine Princip, daß der erste Ursprung der Dinge
überall anders geartet ist, als die Wiederholung. Hiemit
aber führt sich die bewußte Thätigkeit Gottes bis zu der
ersten Einrichtung der Dinge zurück, sofern man überhaupt
von etwas Erstem darin sprechen kann und nicht viel=
mehr also zu sprechen hat: in welchem Zeitpunct du die
Ordnung der Welt betrachten willst, eine bewußte Thä=
tigkeit liegt rückwärts, unter deren Einflusse sie entstan=
den ist.

Bei alle dem bleiben immer noch die Fragen offen,
wiefern diese Thätigkeit von jeher gesetzlich, wiefern frei
gewesen, wie sich überhaupt Gesetz und Freiheit begrifflich
und factisch in der Welt vertragen, und endlich, wie es
mit der ersten Schöpfung der Materie bestellt sei.

Nun wird, was Letzteres anlangt, gewiß immer ein

größeres, weil fruchtbareres und leichter durch eine Ant=
wort zu befriedigendes, Interesse auf der Frage ruhen blei=
ben, nach welchen Principien die Welt von jeher geordnet
ward und noch heute regiert wird, als wie sie zuerst ent=
standen ist, ja ob sie überhaupt einmal entstanden ist.
Könnten wir es freilich wissen, so wäre es ja gut, warum
nicht also danach fragen. Nur das kann nicht triftig sein,
worin Manche den Gipfel der Triftigkeit suchen, tritt viel=
mehr unter einen jener beiden Grundfehler, die das Princip
verletzen, von Dogmen oder Speculationen über die Welt=
schöpfung auszugehen, um das Verhältniß der geschaffenen
Welt zu Gott und die Natur der Dinge daraus abzuleiten,
das heißt, von dem, was unserm Wissen am fernsten liegt,
zu dem gelangen zu wollen, was ihm am nächsten liegt;
denn was zuerst gewesen, wird immer nur zuletzt zu finden
sein. Giebt's also hier einen Weg des Wissens, so ist er
in umgekehrter Richtung zu begehen; doch ob es einen
giebt?

Und was die Freiheitsfrage anlangt, so wird sich
niemals auf Grund des Factischen entscheiden lassen, auch
der praktische Gesichtspunct aber läßt Zweifel, ob die Un=
möglichkeit, in der wir uns befinden, eine feste Gesetzlich=
keit in allem Geschehen nachzuweisen, darauf beruht, daß
das Princip der Gesetzlichkeit durch Aufhebung in ein hö=
heres Princip selbst aufgehoben werden kann oder mit ihm
sich deckend nur die Höhe unsrer Fassungskraft übersteigt.

Könnten wir es freilich wissen, so wäre es wieder gut; warum nicht also darüber speculiren?*) Nur daß man auch hiebei nicht den Sperling in der Hand mit dem Falken auf dem Dache zu erjagen suche, und nicht vergesse, daß Speculationen sich zwar bauen lassen, daß etwas Sicheres aber nicht darauf zu bauen.

Stützen wir nun so den Glauben an einen in der Welt allgegenwärtigen, allwaltenden, die Welt von Anfang an im Sinne von Zwecken mit Bewußtsein ordnenden und regierenden Gott nur eben auf das, was wir von den Thatsachen der materiellen und geistigen Welt in uns und über uns hinaus wirklich wissen, was bleibt endlich noch, worin der so gestützte und geforderte Glaube in Widerspruch mit den Interessen einer nicht minder auf Thatsachen nur in andrer Richtung sich stützenden Naturwissenschaft träte, und worin die Naturwissenschaft ihrerseits diesem Glauben widerspräche. Daß sie ihn begründe, muß man freilich nicht verlangen; es ist nicht ihre Sache; genug nur, daß die Begründung nicht wider ihre Sache laufe. Nun aber suchen wir ja nichts in Gott, wovon wir nicht die kleine Probe in uns und die Zeichen des Uebersteigens dieser Probe über uns hinaus aufweisen können, lassen Thatsachen und Gesetze der Natur ganz wie sie sind, und

---

*) Unsre eigne Speculation kann man in der Schrift über die Seelenfrage S. 217 finden.

überlassen jedem noch, sich mit der Freiheitsidee und Me=
taphysik beliebig zu vernehmen oder abzufinden, mit ein=
zigem Vorbehalt, daß es nicht in Widerspruch mit eben
jenen Thatsachen und Foderungen sei, die keinen Wider=
spruch dulden, und auf denen deßhalb unser Glaube fußt.

Und nach all' dem hätte, fragst du, Gott einen Leib
wie der kleine Mensch? — Nicht wie der kleine Mensch;
der Vergleich trifft zu in Vielem, nur nicht im Höchsten,
Letzten, worin überall etwas liegt, was im Vergleich zwi=
schen Mensch und Gott nicht zutrifft, vielmehr der Grund=
Unterschied zwischen beiden zu suchen ist.

Bei näherm Eingehen, will man sich nicht scheuen, auf
das Letzte einzugehen, stellt sich's so:

Was der Geist von der ganzen Natur, von seinem eigenen
Leibe hat und weiß, ist Alles endlich nur etwas in ihm selbst,
etwas Gesehenes, Gefühltes u. s. w. Daß es eine Natur
noch über ihn hinaus gebe, beweist sich doch, wenn durch
nichts Andres, dadurch, daß andre Geister Dasselbe oder etwas
gesetzlich damit Zusammenhängendes auch davon haben. Die=
ser gesetzliche Zusammenhang greift über jeden einzelnen Geist
hinaus, doch nicht über Gottes Geist; er trägt endlich den
ganzen Zusammenhang des Gesehenen, Gehörten, worin das
ruht, was die Geschöpfe von der Natur, von ihrem eigenen
Leibe, haben, wissen, abgeschlossen durch die Einheit seines
Bewußtseins in sich, und die Gesetze dieses Zusammenhanges
mit diesem obern Abschluß sind das ewig Feste in dem ganzen
in sich geschlossenen Bau, was durch keine starren dunkeln
Dinge dahinter vertreten werden könnte, worin Manche den

letzten festen Kern des Daseins suchen; nur daß zum obern
Abschluß fortgehends neue Abschlüsse darunter treten, das geistige Bauwerk zu gliedern. Also, statt daß die ganze Natur
aus Gott herausgefallen wäre, trägt Gott die ganze Natur,
von der sich wissen läßt, eben so aufgehoben in sich, als jeder
endliche Geist etwas von dieser Natur in sich trägt; hat aber
eben deßhalb nicht in der Natur einen eben so äußerlichen
Leib, als der endliche Geist im Theile der Natur, sofern das,
was von der Natur in Gott als Raum, Zeit, Materie erscheint,
nicht eben so auch Geistern außer ihm erscheinen kann; denn
es giebt außer ihm keine Geister.

So sehr aber diese metaphysische Vertiefung die letzte
Wahrheit vom Verhältnisse zwischen Gott und Natur sein
mag, ist sie doch eben nur die letzte; und so wenig es praktisch
sein würde, in unsern Betrachtungen über das Verhältniß des
menschlichen Geistes zur Natur immer auf jene factische Wahrheit zurückzugehen, daß Alles, was wir von der Natur haben
und wissen, etwas in unserm eigenen Geiste ist, würde es
praktisch sein, bei unsern Betrachtungen über das Verhältniß
von Gott und Natur immer darauf zurückzugehen, daß die
ganze Natur etwas in Gott ist; nur zuletzt mag man sich hier
wie da darauf besinnen, indem man sich zugleich auf den Unterschied besinnt, den in letzter Instanz das Verhältniß der
leiblichen Existenz zu uns und Gott hat. Hievon abgesehen
vergleicht sich doch die Natur oder Welt mit einem Leibe insofern, als, wie der Mensch mit seinem sehenden Auge auch
andre Theile seines eignen Leibes gewahren kann, so Gott mit
seinen sehenden Menschen andre Theile der Natur, und mögen
wir selbst von einem Wohnen Gottes in der Welt, einem Ge-
tragenwerden Gottes von der Welt sprechen, sofern seine höhere

Bewußtseinssphäre auf der niedern, in welcher die Natur oder
Welt erscheint, eben so wie auf einer niedern Bedingung fußt,
als unsre höhere Bewußtseinssphäre auf der sinnlichen, in der
uns das Leibliche überhaupt erscheint, indeß beide im ganzen
Gotte auch eben so, nur in höherem Sinne, bedingt und aufgehoben sind. Und nicht sowohl um eine metaphysische Vertiefung, sondern die geläufigste Vorstellungsweise des Verhält-
nisses zwischen Gott und Welt, welche der Vertiefung fähig
ist, ist es hier zu thun.

So wie gar Viele, weil sie die Vorstellungen vom
Walten Gottes und vom Walten der Natur nicht in Einstimmung zu bringen wissen, Gott mit für sich gehenden Gedanken über die Natur heben und diese ihres Weges unter
ihm gehen lassen, so und aus gleichem Grunde vermögen
Viele eine Vorstellung von unserm künftigen geistigen Dasein nur auf Grund einer völligen Loslösung von der körperlichen Unterlage zu fassen. Sei doch schon jetzt das höhere
geistige Leben in uns, der Geist im engern Sinne, nicht
eben so wie das niedre sinnliche, die Seele im engern
Sinne, wesentlich an ein körperliches Wirken mehr gebunden, dadurch bedingt, sondern schwebe frei darüber, und
der Tod habe nur die Folge, daß es sich mit völliger Da-
hinterlassung der Sinnesbasis endlich ganz davon befreie,
darüber hebe; sei's auch, daß der Geist eine neue wieder
suche oder selbst sich schaffe oder nach dem Kirchenglauben
gar die alte endlich wiederfinde. Bei solchem Glauben ist
Alles einfach; dann genügt das Argument vom Geiste;

ein Argument vom Körper wird dann müßig; und wer
dieser Glaube fest steht, der kann sich das Folgende
ersparen. Auch kann man fragen, ob es nicht überhaupt am besten sei, an jenes Argument, was schon
genügt, sich bei der Frage nach dem Jenseits ganz allein
zu halten. Vermöchten wir doch selbst das Dasein unsers diesseitigen Geistes aus unserm diesseitigen Körper
nicht zu erkennen, wenn wir nicht die diesseitige Erfahrung
von dem Zusammengehör derselben hätten; es würde also
auch überhaupt unmöglich sein, vor jenseitiger Erfahrung
den jenseitigen Geist in seinem Träger zu erkennen, wenn
nicht unser Princip, vom Diesseitigen auf das Jenseitige
verallgemeinernd, erweiternd und steigernd zu schließen,
uns einen Anhalt dazu böte. Aber wie unzulänglich ist
doch dieser Anhalt, nachdem man sich noch über die wichtigsten Verhältnisse, von denen aus zu schließen, streitet,
die ganze Lehre von den Beziehungen zwischen Körper und
Seele noch im Argen liegt. Und Alles Genauere, was
wir auf Grund selbst zulänglicherer Unterlagen, als da
sind, erschließen möchten, würde doch nur den Charakter
des Anatomischen und Physiologischen haben, das wohl
von der Wissenschaft, doch nicht vom Leben gebraucht
wird; es würde eben auch nicht vom Glaubensleben gebraucht werden und für dasselbe brauchbar sein.

Also kann das Argument vom Körper für das Jenseits
überhaupt weder denselben Anspruch auf Sicherheit noch

auf Eingänglichkeit machen, als das auf einfachen und
einfach aufzeigbaren Thatsachen des Bewußtseins fußende
Argument vom Geiste und nicht leicht in das Volk gehen.
Wenn es aber doch die allgemeinsten Gesichtspuncte des
Glaubens an ein Jenseits auf dieselbe allgemeine Thatsache vom Zusammenhange zwischen Geist und Körper, auf
die der Materialist den Unglauben stützt, zu stützen vermag, und zwar in völliger Zusammenstimmung mit dem
Argument vom Geiste es vermag, warum nicht doch dem
Materialisten gegenüber als verstärkende Stütze des Glaubens nutzen, was sich sonst als starke Waffe dagegen wendet. Denn wie viel kann doch der Materialist, und nicht
der Materialist allein, gegen jene vorausgesetzte Unab-
hängigkeit des höheren geistigen Lebens vom Gehirnleben
einwenden, wovon sich wohl absehen läßt, was sich aber
nicht widerlegen, kaum deuteln, läßt; wie viel der Psycho-
log gegen eine andre als begriffliche Trennbarkeit eines
Geistes und einer Seele engern Sinnes; und welche
Schwierigkeit kann mit dem gänzlichen Fallenlassen der
körperlichen Unterlage besiegt sein, die nicht beim Wieder-
suchen, Schaffen, Finden einer neuen stärker wiederkehrte;
nachdem sonst überall ein neuer Körper sich nur mittelst
eines alten schafft.

Unstreitig hängt der Sinn eines Buches nicht von den
einzelnen Buchstaben ab, aber so frei er über den einzelnen
Buchstaben schwebe, so hohes Geistige er bedeute, jeder

andre Sinn fodert eine andre Zusammenstellung und Folge
der Buchstaben und Worte. Unstreitig hängt die Melodie
und Harmonie eines Saitenspieles nicht von den einzel=
nen Saiten und Saitenbewegungen ab; doch fodert die
höchste Melodie und Harmonie ein andres Zusammenspiel
und eine andre Folge spielender Saiten. Wird es anders
mit dem Geistigen in uns und dem Saitenbezuge und
Spiele unsers Gehirnes sein? Ist es nicht vielmehr das
Wahrscheinlichste, weil Vernünftigste und den Thatsachen
Entsprechendste, daß es entsprechend damit sei? Dann
aber kann der Geist sich niemals von einer materiellen
Unterlage lösen, nur sie tauschen, mit ihrem Spiele wech=
seln, wie er es schon jetzt im Fortschritte von der Jugend
zum Alter und im Uebergange von einer Thätigkeit zur
andern thut.

Sehen wir näher zu, so gründet sich die Ansicht selbst,
welche den Geist in anderm Sinne von der Materie los=
hebt, als es im Sinne der vorigen Beispiele liegt, viel=
mehr auf die Foderung, daß er in's Jenseits gerettet werde,
     man meint, es gehe gar nicht anders — als daß sie
eine Stütze in einem thatsächlichen Fundamente fände und
hiemit ein solches der Foderung zu bieten hätte. Wie
schlimm aber steht es mit der Erfüllung der Foderung,
wenn das dazu gefoderte Fundament doch factisch nicht
besteht, wie schlimm mit der Sicherheit und Festigkeit auch
nur des Glaubens an diese Erfüllung, wenn Physiologie

und Pathologie des Gehirns damit fallen oder statt auf Thatsachen auf Foderungen bauen müssen. Ist der Glaube denn anders nicht zu retten?

Also lassen wir immerhin das Argument vom Körper auf dem Grunde der Thatsachen selbst, vor denen man sich so sehr fürchtet, nichts versteckend, nichts beschönigend, nichts leugnend, vielmehr mit dem weitesten Blicke auf den gesammten Zusammenhang derselben als Führer, seine Schritte in das Jenseits thun, so sicher es bei noch so unsicherer Theorie derselben möglich ist, gern Alles preisgebend, was vielmehr als Schwächung denn Verstärkung des Arguments vom Geist erscheinen könnte; die Foderung selber stellend, daß es uns nur wiedergebe, was uns jenes gab, nur auch fodernd, daß man die Zusammenstimmung damit gestatte.

Zuvor aber mag der wichtigste Gegner des Unsterblichkeitsglaubens, der mit uns den Ausgang vom Boden der Thatsachen theilt, der Materialist, erst selber sprechen. Er weiß nicht mehr als wir von den Thatsachen jenes Zusammenhanges, worauf er fußt, d. i. das Allgemeinste und etwas Weniges vom Speciellsten. Doch ist das immer etwas, und wir wissen es wie er.

Wenn doch, so sagt er, factisch, so weit Erfahrung reicht, ein Geist mit allen in sich zusammenhängenden niedern und höhern Thätigkeiten nicht ohne einen Leib und leibliche Thätigkeiten bestehen und wirken kann, so wird

dieses Factum auch bei der Frage, ob und wie ein künftiges geistiges Leben möglich ist, maßgebend und Basis
jedes Schlusses bleiben müssen. Was also wird aus unserm Geiste, wenn dieser Leib zerfällt? Braucht der Mensch
jetzt ein Gehirn, um Empfindungen, Gedanken zu gewinnen, und factisch braucht er es; wie kann er es mit dem
Tode auf einmal fallen lassen und doch noch Empfindungen, Gedanken gewinnen, ja überhaupt Bestand behalten,
nachdem er mit all seinen Empfindungen, Gedanken selbst
nur ein Erzeugniß des Gehirnes ist. — Es fruchtet wieder
nichts, gegen die Ausdrucksweise des Materialisten zu
streiten; sei das Gehirn vielmehr Erzeugniß eines schöpferischen Geistes, so könnte der Menschengeist nur mit
Erzeugung dieses Erzeugnisses entstehen und kann nur
mit neuen Zeugungen darin hienieden fortbestehen; und
die Thatsache, auf die es ankommt, bleibt auch hier dieselbe.

Nun aber ist darum möglich, was der Materialist für
unmöglich hält, weil, wie wir früher schon an Beispielen
über Beispielen betrachtet, und woran zu erinnern, wir
nur eben noch den Anlaß fanden, es überall nicht derselben Bedingungen und Mittel bedarf, etwas fortzuerhalten
und fortzuentwickeln, als zuerst zu erzeugen. Das Gehirn
ist, um auf die Sprache des Materialisten einzugehen, ein
Instrument, Wirkungen zu erzeugen, die ohne das nim-
mer entstehen konnten, er hat damit ganz Recht, aber

einmal entstanden nicht mehr der Forterhaltung des Instruments zu ihrer Forterhaltung, ja, Fortentwicklung bedürfen; damit hat er Unrecht, und neue Beispiele über
Beispiele können uns in wachsender Annäherung zum
Falle selber führen, den es gilt.

Sieh auf die Violine; der Ton derselben konnte nicht
ohne sie entstehen; doch, einmal entstanden, kannst du das
Instrument zerschlagen, der Ton hallt fort in's Weite,
den Kreis immer mehr erweiternd, nimmt seine ganze
Eigenthümlichkeit mit in's Weite, durch Dick und Dünn;
verhallt zwar endlich für alle äußern Ohren, weil keins
ihm zu folgen, seine Ausbreitung zu fassen vermag; doch
hört nicht auf zu hallen; noch ist's derselbe Ton; die
glatte Luft reicht hin, ihn zu erhalten, der des kunstreich-
sten Instruments bedurfte, zu entstehen; und wo er eine
Saite verwandter Stimmung trifft, klingt sie noch von
ihm an.

Aber ist der Mensch denn eine Violine? — Viel mehr
als das, und was er mehr ist als die Violine und die
Welt um ihn mehr als die Luft, wird auch das Mehr nicht
Weniger zur Folge haben. Weiter:

Ein Bild im Auge kann nicht entstehen, ohne ein
Auge; aber, einmal entstanden, kannst du das Auge ausreißen und die Erinnerung hallt fort im Gehirn, wohin
sich die körperlichen Wirkungen vom Auge erstreckten und
nimmt die ganze Eigenthümlichkeit des Bildes mit, durch-

hallt mit dieser Wirkung das Gehirn, denn wie könnte sie
sich sonst mit dem, was alle andern Sinne bringen, zu
Begriffen verweben, und bleibt doch in sich ganz; kann
aber erst für sich erwachen, wenn die Anschauung erlischt;
hat mit ihrer Ausbreitung die sinnliche Stärke eingebüßt,
doch dafür größern Spielraum, größere Freiheit und ein
lebendigeres Leben eingetauscht*).

----

*) Man wird es wahrscheinlich halten können, denn mehr als
Wahrscheinlichkeit hat man hier nicht, daß eine Anschauung sich an
den ganzen Tract von Nervenschwingungen (allgemeiner psychophysischen Bewegungen) heftet, der von dem Auge in's Gehirn reicht und
durch das Gehirn reicht, so lange aber die Anschauung im Auge steht
und der Reiz auf das Auge wirkt, im Auge am lebendigsten ist, so
daß man von einer relativen Concentration der Thätigkeit im Auge
während der Sinneswahrnehmung sprechen kann, ohne daß sie doch
ohne den Zusammenhang mit dem Gehirn überhaupt fortbestehen und
in dessen Bewußtsein eingreifen kann. Erlischt die Anschauung, so
bleibt noch ein unmittelbarer Nachklang als Nachbild übrig; die
dauernde Möglichkeit des Wiederhervertritts in bewußten Erinnerungen und deren beständiges unbewußtes Fortspiel und Mitspiel in unserm Begriffs- und Anschauungsleben aber beruht unstreitig nicht
bles auf einem einfachen Forthallen der ursprünglichen Schwingungen, sondern darauf, daß die ursprünglichen Schwingungen also or-
ganisirend, umstimmend, neue Anstalten bedingend, in den Saiten-
bezug und das innere Saitenspiel des Gehirns eingegriffen haben,
daß jener Wiederhervertritt und jenes Fortspiel möglich wird. Das
Genauere des Wie ist freilich gänzlich unbekannt, und deßhalb eben
die oberflächliche, im Grunde unzulängliche, aber kurze und leicht ein-
gängliche Bezeichnung als Forthallen vorgezogen. Man kann es sich
dadurch erläutern, daß auch eine Rede draußen sich nicht dadurch auf
die Nachwelt fortpflanzt, daß sie einfach forthallt, wie der Ton der

Der Mensch aber ist noch mehr als sein Auge und die Welt um ihn mit tausend Gehirnen mehr als sein Gehirn, und an das Mehr wird sich ein Mehreres heften.

Und so magst du endlich auch das Gehirn ausreißen, ohne das weder Erinnerungen, noch Gedanken entstehen konnten, dein ganzes diesseitiges Anschauungsleben nicht entstehen konnte; auch dieses ganze Anschauungsleben wird forthallen in dem Ganzen, wohin sich die Wirkungen desselben erstreckten, und die ganze Eigenthümlichkeit desselben mitnehmen; nur auch erst als Erinnerungsleben für sich erwachen können, wenn es als Anschauungsleben erlischt; und für den Verlust der sinnlichen Stärke eben jenen erweiterten Spielraum, jenes entwickeltere geistige Leben eintauschen, die wir schon beim Argument vom Geiste als Sache des Jenseits erkannten. So wird der Foderung einer Befreiung des Geistes von den leiblichen Schranken Genüge gethan, ohne doch den Geist von der Leiblichkeit selbst abzutrennen.

Und wenn schon das Gehirn keine glatte Luft mehr ist, in welcher der Ton glatt verschwebt, vielmehr die Erinne=rungskreise im Begegnen unter einander und mit neuen Anschauungen ein höheres Leben in dem hoch organisirten

---

Vieline im erst gebrauchten nur halb zutreffenden Bilde, sondern daß sie sich im Gedächtniß der Menschen mittelst Einrichtungen, die sie in deren Hirn getroffen und durch Schriften forterhält.

Bau entwickeln können, so ist die Welt um dich mit Wie=
sen, Wäldern, Feldern, Kirche, Staat, Wissenschaft, Ge=
werbe, Handel, Kunst, der gesammten Verkettung und
Kreuzung aller menschlichen Lebenskreise, worein die der
einzelnen Gehirne nur als Momente eingehen und ein=
greifen, noch weniger eine glatte Luft; und werden die
jenseitigen Lebenskreise in diesem höher organisirten Baue,
nicht unserm jetzigen gegenüber, vielmehr mit Einschlusse
des jetzigen, auch wirklich die geeignete Basis zu jenem
höheren geistigen Leben finden können, was sie im Begeg=
nen unter einander und mit den diesseitigen Lebenskreisen
führen. So trifft das Argument vom Körper mit dem
vom Geiste ganz zusammen.

Erstreckt sich doch wirklich von deinem ganzen An=
schauungsleben, was du jetzt führst, ein Kreis von Wir=
kungen und Werken in die Menschenwelt und darüber
hinaus um dich so gut, als sich von jeder deiner An=
schauungen Wirkungen in dein Gehirn und darüber hin=
aus erstrecken, ein Kreis, der seinen Zusammenhang, seine
Beziehung zum Ursprunge und den Charakter dieses Ur=
sprunges so wenig je verlieren kann, als der Wellenkreis
um den in den Teich geworfenen Stein, als die Schall=
welle um die Violine, als der Kreis von Wirkungen, die
sich vom Bilde im Auge in dein Gehirn erstrecken. Du
kannst nur den Zusammenhang und die fortbestehende Be=
ziehung desselben zu seinem Ursprunge nicht eben so leicht

verfolgen, als bei den kleinen Kreisen. Und meinst du,
daß in deinem jetzigen sichtbaren Leibe die Seelenschwingungen von unsichtbar feinen Körper- oder Aetherschwin-
gungen getragen werden, sein Thun und Treiben selbst
damit zusammenhängt, davon abhängt? Sind sie vorhanden, so werden auch sie, unsichtbar wie sie sind, im Zusammenhange mit deinem Thun und Treiben in die Welt
hineinhallen, die für deinen Leib die Luft um die Violine
nur mit größeren Leistungen vertritt, oder wohin sollten
sie denn endlich hallen, und werden fortfahren, einen
engern Seelenleib in deinem weiteren zu bilden; die Organisation dieses unsichtbaren Leibes aber doch ihren Halt
und ihre äußere Ausprägung eben nur in dem sichtbaren
Kreise von Wirkungen und Werken finden können, mit
dessen Bildung in Zusammenhange er selbst sich bildet.
So kann der Glaube jeder Hypothese folgen und bedarf
doch keiner Hypothese. Denn sollte jener unsichtbare Kern
jetzt nicht in unserm sichtbaren Leibe bestehen, noch für
unser Jetztleben nöthig sein, so würde auch seine Fortsetzung nach Außen nicht bestehen noch für die Zukunft
nöthig sein.

Wäre nun die Welt um dich todt, so bliebe freilich der
ganze Kreis, in den sich dein diesseitiger Lebenskreis umsetzt, auch todt, und wäre es hiemit aus mit deinem Leben
oder fände dein jenseitig Leben keine materielle Unterlage mehr, hiemit das Argument vom Körper keinen An-

halt mehr. Lebt aber Gott in der Welt, lebst du schon jetzt in Gott, und erinnert er sich, hast du gelebt, noch deines Lebens — das aber steht uns nach dem Argument vom Geiste fest — so wird er auch die Erinnerung deines Lebens, die dein künftiges Leben in ihm ausmacht, natür= licherweise an die Gesammtheit dessen knüpfen, was in der Welt an dich erinnert, das ist eben an den Kreis der von dir hinterbliebenen Wirkungen und Werke. Man meine nur nicht, ein künftiges Leben ohne Gott und außer Gott haben zu können; aber auch nicht, daß unser jetziges Be= wußtsein das einzige ist, was es in Gott giebt, und die Mittel dieses Bewußtseins die einzigen, die Gott hat. Giebt es aber noch andre, wo ist dann ihre Stelle?

Was hindert's, daß der Kreis deiner künftigen Exi= stenz ein ausgedehnter ist? schon dein jetziger Leib und darin dein Gehirn, ist ausgedehnt, und schließt trotzdem ein einheitliches Bewußtsein in Unterordnung unter dem göttlichen in sich ein und ab. Bedarf es aber auch künftig noch der alten Haut dazu? Und verlangst du doch einen relativen Abschluß, wie der Leib ihn jetzt gewährt, auch von der Zukunft — im Grunde ist schon der jetzige mit der ganzen Welt umher verwachsen — so wird die Um= gränzung des irdischen Reiches, innerhalb deren sich dein Thun und Treiben, hiemit der Kreis deiner Wirkungen und Werke hienieden abschließt, nur einen neuen weiteren Abschluß in größerem Umkreise gewähren. Der jetzige äußere Spielraum deines Lebens wird dabei in einen innern aufgehoben. Du kannst sogar in gewissem Sinne die ganze Erde als deinen künftigen Leib rechnen; nur nach der Beziehung aber, nach der du sie durchwirkt, ihr den Charakter deines Wesens eingeprägt hast, und deinen jetzigen Leib als das Saamenkorn betrachten, von welchem aus du sie durchwachsen. Das Korn schwindet endlich zerberstend und verfaulend, indeß die Pflanze im höhern Lichte weiter wächst. Nun hast du eine neue Außenwelt einmal in der Gesammtheit der Lebenskreise, welche mit den deinen sich verwebend und kreuzend denselben Raum von andern Ausgängen aus durchwachsen und seiner sich in anderm Sinne bemächtigen; im andern weitern Sinne im ganzen Himmel um die Erde. Es anschaulich zu erläutern, so wirf zum einen Steine viele in den Teich, und jeder Wellenkreis wird, indem er sich mit allen andern kreuzt, in der Gesammtheit der andern seine Außenwelt im einen Sinne und in der ganzen Erde um den Teich im andern weitern Sinne haben. So ist's zu verstehen.

Auch das Zurückschlagen der Wirkungen auf sich selbst, woran wohl jemand sein Bewußtsein knüpfen mag — unklarer Gedanke freilich, doch auch der Unklarheit läßt sich genügen — wird in nur größerem Maßstabe in dem großen Kreise, den du einst ausfüllen wirst, von Statten gehen, als jetzt im kleinen; man kann's ja zeigen, wie die Folgen

auf ihre Ursachen in den großen Kreisläufen der Dinge
über uns hinaus nicht minder rückgreifen, als in unsern
kleinen. Ein Ausstralen aber von einem einzigen Puncte
und Zurückschlagen auf einen einzigen Punct, findet auch
jetzt nicht in unserm Leibe statt*); wie sollten wir es von
dem künftigen verlangen. Nicht darin besteht überhaupt
das centrale Wesen der Seele, daß sie materiell von
einem Puncte aus nach allen Seiten wirkt, sondern daß
sie einen Kreis materieller Wirkungen in einheitlichen
Bewußtseinsbestimmungen verknüpft. Nun besteht der
Uebergang vom Diesseits in das Jenseits nur darin, daß
sie einen engern Kreis mit einem weitern vertauscht; um
aber dieselbe Seele zu bleiben, kann es nur der sein, den
jener erst aus sich hervorgetrieben.

Jetzt freilich scheint für dich verloren, was über dich
hinaus ist; doch ist es nicht verloren; Gott hat es in sich
aufgehoben, und du holst es mit eben dem Bewußtsein
ein, was deinem jetzigen Leben schwindet. Schon jetzt
liegt Alles fertig dazu da, nur ist's noch nicht für dich in
ihm bewußt da; es dazu zu erheben, braucht's nichts, als
daß er die Aufmerksamkeit dahin wende; er wendet sie
aber nur dahin, indem er sie von deinem jetzigen Leben
abzieht, das damit erlischt, indem das jenseitige erwacht.

---

* Den Nachweis davon s. in den Elementen der Psychophysik.
II. Kap. 37.

Auch unser jetziger Leib war fertig, ehe er in das jetzige Leben geboren ward, und ward zum Bewußtsein erst geboren, nachdem die Organe, mit denen er im Mutterleibe wurzelte, die ihn hervorgetrieben, abgestorben. So unser künftiger Leib; schon ist er da, doch noch nicht zu bewußtem Leben da; dazu muß erst der jetzige sterben*). Nun mag das anders scheinen, daß bei der Geburt Bewußtsein sich im Kinde neu entzündet, indeß der Tod nur einen Wechsel seines Sitzes dem Sterbenden bedeuten soll. Doch sehen wir sonst so allgemein Bewußtsein nur entstehen, wie es anderwärts schwindet, oder nachdem es früher (im Schlafe) geschwunden war, und schwinden, wie es anderwärts entsteht oder um künftig neu zu entstehen, daß wir wohl ein allgemeines Gesetz darin erkennen mögen, unter das sich das Erwachen des Bewußtseins im Jenseits beim Erlöschen im Diesseits unterordnet, und selbst jene erste Entstehung des Bewußtseins bei der Geburt leicht als eine scheinbare deuten können. Denn es reicht hin zu denken, daß aus dem allgemeinen von der Welt getragenen göttlichen Bewußtsein sich bei jeder neuen Geburt eines Menschen etwas in die Specialität des menschlichen Bewußtseins umsetzt**), so ist nicht blos die

---

*) Einen Verfolg dieser Analogie s. im Büchlein vom Leben nach dem Tode (von Mises).

**) Diese Auffassung berührt sich mit der Platonischen, welche die Fortdauer der Seele nach dem Tode mit einer Präexistenz derselben

erste Schöpfung des Menschen, sondern jede Geburt eines neuen Menschen in's jetzige wie in's künftige Leben die Begeistung eines Theiles der Materie, der nur noch des Anstoßes zum Erwachen harrte, durch Gott.

Die ganze eine Hälfte der Erde erwacht nur, wie die andre einschläft; um recht wach zu werden, muß man erst recht tief schlafen, und soll das Auge in uns für die Gegenstände wach sein, so muß man das Ohr und alle andre Sinne schlafen lassen; soll das ganze Erinnerungsleben in uns wach werden, das ganze Anschauungsleben in uns schlafen; und so ist es eben nur ein Fall desselben allgemeinen Princips oder eine Verallgemeinerung aller vorigen Fälle, daß auch unser jenseitiges Erinnerungsleben in Gott nur erwacht, wenn unser diesseitiges Anschauungsleben in ihm einschläft, unser jenseitiger Leib in der Welt nur erwacht, wie der diesseitige einschläft; damit er aber erwachen könne, muß er da sein.

Leicht bietet sich auf Grunde der vorigen Thatsachen ein Gedanke dar, der eine kurze beiläufige Erwähnung hier finden mag, der, daß ein, dem Gesetze der sog. Erhaltung der Kraft [*)]

___

vor der Geburt correlat hält, nur daß wir kein individuelles Bestehen derselben vor der Geburt annehmen. Vielmehr, so wie ein Zweig aus dem allgemeinen Stamme entsteht, ohne wieder darein zu verlangen, sondern als individueller Zweig desselben fortbesteht und sich fortentwickelt, verhält es sich nach unserm Glauben mit der Seele.

*) Eine einfache Darstellung dieses Gesetzes mit Hinblick auf seine Bedeutung für das geistige Gebiet s. in meinen Elementen der Psychophysik. I. Kap. 5.

im Körpergebiete analoges Gesetz im geistigen Gebiete bestehe, und selbst das eine mit dem andern zusammenhänge, sofern das Geistige vom Körperlichen getragen wird. Nach jenem Gesetze bleibt zwar nicht continuirlich dasselbe Quantum lebendiger Kraft (Maß körperlicher Thätigkeit im exacten Sinne, nicht mit der Lebenskraft der Philosophen zu verwechseln) in der Welt, sie kann steigen und fallen, wohl aber die stets gleiche Möglichkeit seiner Wiederherstellung vermöge constant fortbestehender Realbedingungen dazu, so daß die lebendige Kraft an keinem Orte schwinden kann, ohne entweder an einem andern Orte oder zu einer andern Zeit wieder hervorzutreten; kurz die Summe des wirklichen und nach den vorhandenen Bedingungen noch möglichen lebendigen Kraftquantums bleibt stets dieselbe. Kein Zweifel, daß dieß Gesetz, als allgemeingültiges für alle körperliche Thätigkeit, auch für die psychophysische, d. h. die physische, wovon unsre geistige getragen wird, gilt, es giebt sogar genug der directen Beweisgründe dafür*); nur daß damit noch nicht erwiesen ist, daß es auch für die geistige Thätigkeit selbst gilt, also auch das Maß der wirklichen und im Wiederhervortritt möglichen geistigen Thätigkeit nach den vorhandenen Realbedingungen dazu stets dasselbe bleibt, weil die geistige Thätigkeit der unterliegenden physischen nicht einfach proportional geht, wie ich in meiner Psychophysik gezeigt. Vielmehr findet unter Voraussetzung forterhaltener Totalgröße der psychophysischen Thätigkeit ein Maximum der davon getragenen geistigen bei einem gewissen Vertheilungsgrad der psychophysischen Statt, der, in soweit es sich blos um einfache sinnliche Empfindungen han-

---

*) S. Psychophysik. I. S. 37 ff.

telte, der gleichförmige sein würde, mit Rücksicht aber auf
höhere Phänomene ein ungleichförmiger doch unbekannter ist*).
Sollte nun die Welt fortgehends zu einer derartigen Vertheilung tendiren, was sich für jetzt weder behaupten noch leugnen
läßt, so würde das Maß der geistigen Thätigkeit in der Welt
allmälig wachsen, ohne daß das der körperlichen sich im Ganzen oder anders als periodisch änderte; nur die Vertheilung
hätte sich zu ändern. Auf diesem Gesichtspuncte und dem
Principe, daß der Bewußtseinsinhalt der späteren Geister sich
großen Theils mit dem der früheren deckt, könnte die Möglichkeit der Schöpfung immer neuer Geister ohne fortgehendes
Wachsthum der lebendigen Kraft in der Körperwelt und ohne
Erlöschen der früheren Geister psychophysisch ruhen. Erst von
einem Fortschritte der Psychophysik aber ist mehr Bestimmtheit
und Licht über diese wichtige, in ihren Folgen hier mit ein-
greifende, Frage zu erwarten.

Wie viel auch ließe sich von Thatsachen erzählen**), die
zu beweisen scheinen, daß in ausnahmsweisen Fällen schon
jetzt ein theilweises Erwachen des Bewußtseins für seine
künftige weitere Sphäre mit theilweisem Einschlafen für
seine jetzige engere stattfinden könne, wenn wir nur sicher
wären, daß es Thatsachen sind. Nichts besser könnte unserm Glauben zu Statten kommen, als diese wunderbaren
Fälle, in denen man von jeher geneigt gewesen, ein Vor-
spiel der künftigen Daseinsweise zu sehen; mit Fleiß aber

° S. Psychophysik. Kap. 21. und 29.
°°) Eine kleine Zusammenstellung davon s. in Zend=Avesta III.
S. 87. 95. 206. 215.

lasse ich hier Alles bei Seite, was selbst erst des Glaubens
bedarf, um dem Glauben zu dienen. So sehr ist der vo=
rige Glaube andersher gestützt, daß er eher umgekehrt die=
nen könnte, den Glauben an diese wunderbaren Fälle mit
zu stützen.

Viel bleibt bei alle dem ein unerklärliches Geheimniß;
wer mag es leugnen; doch wer auch leugnen, daß all' das
Unerklärliche, was wir von unsrer Zukunft in Gott glau=
ben, wirklich in nur kleinerm Maßstabe, in beschränkterm
Sinne, schon in der Gegenwart in uns besteht, und wir
also damit nur das Größere einer Thatsache im größern
Gotte, an den wir doch glauben müssen, glauben.

Wer mag erklären, daß so unzählige Bewußtseinskreise,
geknüpft an eben so unzählige durch einander greifende
körperliche Wirkungskreise, unbeirrt durch einander sollen
bestehen können. Aber schon jetzt greifen ganz dieselben
Wirkungskreise, von denen du sorgst, daß sie dich jenseits
stören könnten, in dich diesseits ein, ohne dich zu irren,
tragen vielmehr selbst zum Inhalt, zur Entwickelung dei=
nes bewußten Lebens bei; was kann es ändern, daß sie
selbst auch ein Bewußtsein tragen, von dem du nur nichts
weißt, weil du überhaupt nichts von fremdem Bewußtsein
weißt. Und wenn im vollen Concerte ein geübtes Ohr
von Außen von allen sich kreuzenden Tonwellen den ein=
zelnen Ton schon herauszuhören vermag, wie sollten sich
die nicht viel besser unterscheiden, die des eigenen Unter=

scheidens ihres Wesens fähig sind. Und wenn schon die
Erinnerung in dir unterscheidbar nach und mit andern zu
erwachen vermag, trotzdem, daß die leiblichen Unterlagen
von allen in deinem Gehirne sich kreuzen; wie sollte nicht
in der viel größer und höher gebauten Welt auch hievon
das Größere und Höhere zu erwarten sein.

Wer mag auch nur als Möglichkeit erklären, was
Jeder als Wirklichkeit vom Jenseits fodern wird, daß bei
den ausgebreiteten und gekreuzten körperlichen Existenzen
im Jenseits es noch zu einer begränzten gestalteten Erscheinung derselben einander gegenüber kommen könne. Ich
wieder nicht. Aber so wenig ich die Möglichkeit erklären
kann, glaube ich doch wieder an die Wirklichkeit des Uner-
klärlichen über mich hinaus, weil ich es in mir selbst wirklich finde.

Meinst du denn, daß die Wirkungswellen, die von
dem Bilde einer Rose in dem Auge die Erinnerung in dein
Gehirn hinübertragen, auch noch die begränzte Gestalt der
Rose haben? doch behält die Erinnerung geistig noch die
Gestalt der Rose; genug, daß sie beim Ausgange bestand;
und meinst du, daß sie, von Lilie und Rose besonders her-
kommend, noch eben so getrennt in dir bestehen, als Rose
und Lilie draußen — unmöglich sogar, wenn du sie nach
einander mit demselben Augenpuncte gefaßt, der seine
Wirkungswellen in dieselben Theile des Gehirnes sendet;
— doch besteht noch eine getrennte Erscheinung derselben

in der Erinnerung, wenn sie in der Anschauung bestand.
Wie du einen ganzen Garten mit Bäumen, Blumen, Thie-
ren, Menschen in der Erinnerung haben kannst, ja viele
nach einander, und Alles wohl gesondert, trotzdem, daß die
körperlichen Unterlagen der Erinnerung von allem Ver-
gangenen sich in deinem Gehirne kreuzen, wird Gott einen
Paradiesgarten mit unzähligen Wechseln dieses Gartens
nur in viel größerm Maßstabe in seinem Erinnerungsreiche
tragen können, worin deine Geistererscheinung mit geht
und mit andern wie äußerlich sich begegnet, wenn auch die
körperlichen Unterlagen dazu sich in der Welt kreuzen *).
Wir wissen dieß Geheimniß nicht zu deuten, daß überhaupt und überall die geistige Erscheinung das kurze Resultat einer ausgedehnten körperlichen Unterlage ist, oder
anders, daß der Geist in einheitlicher Erscheinung zusammenfaßt, was ihm als körperlicher Zusammenhang unterliegt**), und das körperlich von verschiedenen Ursprungs-
puncten her Gekreuzte noch geistig trennbar ist. Genug,
daß, was in uns besteht, auch über uns hinaus noch muß
bestehen können. Und meinten wir denn nicht schon sonst,
wir würden im Jenseits für den bisherigen greiflichen gro-
ben einen vergeistigten, verklärten Leib erhalten. Wir
haben ihn mit Vorigem erhalten.

---

*) Weitere Ausführungen mit Bezugnahme auf entsprechende
Vorstellungsweisen Anderer s. in Zend-Avesta III. 155 ff.

**) Vergl. eine Erörterung des Thatsächlichen in dieser Hinsicht

In anderm Sinne aber auch wieder, wie wir es schon zeigten, einen noch größern, mächtigern, festeren, unzerstörbareren, greiflicheren, nur nicht mit unsern kleinen menschlichen Händen umgreiflichen, himmlischen Leib, den großen Leib der Erde mit ihren Wiesen, Wäldern, Feldern, Städten, Staaten u. s. w., einen für alle gemeinsamen Leib, den wir künftig durchdringen werden, und der doch Jedem nur nach der Beziehung eigen sein wird, nach der er ihn hier durchwirkt hat und ferner durchwirken wird.

Seltsame Lehre! rufst du aus, unerhört in jeder Hinsicht! Was Alles wird darin zusammengebaut!

Und diese ganze seltsame und seltsam verwickelt erscheinende Lehre ruht doch nur in den zwei einfachen Sätzen: Knüpfe an die Fortsetzung dessen, woran dein Bewußtsein jetzt geknüpft ist, die künftige Fortsetzung deines Bewußtseins; und glaube an das in größerem Maßstabe über dich hinaus, was du im kleinen in dir wirklich findest. Und diese ganze unerhörte Lehre ist doch wieder nur dieselbe Lehre, die du in der Bibel findest, wenn sie sagt: daß unser jetziger Leib selbst nur ein Korn ist, aus dem der künftige Leib hervorgehen, nicht eher aber lebendig werden wird, als jener gestorben ist (1. Cor. XV. 37. 35);

-daß gesät wird ein natürlicher Leib und auferstehen wird.

mit allgemeinen Folgerungen daraus in m. Elem. d. Psychophysik II. 526. ff.

ein geistiger Leib (1. Cor. XV. 44); — daß, wenn unser irdisches Haus dieser Hütte zerbrochen wird, wir einen Bau haben werden von Gott erbaut (2. Cor. V. 1); — daß unsre Werke uns nachfolgen werden, und wir ärnten werden, was wir gesät haben. Man versuche das Alles anders oder anders zusammenhängend zu denken, als es hier gedacht ist, und man wird Nichts oder nur Widersprüche denken können.

Nicht blos der christliche Glaube aber, der Glaube aller Völker wird so gut durch diese Vorstellungen verknüpft, als er überhaupt verknüpfbar ist: der Glaube, daß die Gestalten der Geister im Jenseits leichte schwebende Bilder, die sich nicht greifen lassen, sind; sie sind wirklich Bilder, Erinnerungsbilder in Gott. — Daß die Geister in andre Menschen, Thiere, Pflanzen, in die Luft, nach Oben, Unten, über's Meer fahren, um die Gräber irren, kein Ort, wo man die Geister nicht gesucht hätte; nichts Einzelnes, aber alles zusammen ist wahr. — Daß sie in den Himmel kommen; sie werden wirklich einen Himmelskörper ganz durchdringen. — Daß sie durch Planeten wandern. Indem sie einen ganz durchdringen, mögen sie auch an dem allgemeinen Verkehr desselben mit andern Himmelskörpern bewußtern Antheil als jetzt gewinnen. — Daß sie die alten Geschäfte in Jagd, Fischfang, Krieg u. s. w. forttreiben; sie werden Alles nur in andrer Weise als jetzt forttreiben, was sie hier begonnen.

Welche Vorstellung vermöchte in gleicher Weise der
Foderung des historischen Principes zu genügen. Zugleich
genügt sie dem praktischen in selber Weise, wie die, die
aus dem Argument vom Geiste fließt, indem sie sich der=
selben unterbaut. Und hat überhaupt das geistige Dasein
jenseits noch eine körperliche Unterlage, so kann sie gar
nicht anders gedacht werden, um beiden Argumenten im
Zusammenhange zu genügen.

Von selbst tritt endlich auch das dritte Hauptstück des
Glaubens in diesen Zusammenhang ein. Wie jeder jen=
seitige Geist geistig viele diesseitig Lebende verknüpft und
in sie hineinwirkt, thut er es leiblich, indem Alles, was
von seinem Geiste in sie eingeht, und in ihnen fortgeht,
von körperlichen Wirkungen hineingetragen ist und noch
fortgetragen wird. Die Idee, die von Plato bis zu mir,
bis in mich gelangt ist, ist durch einen Stral körperlichen
Wirkens, der von ihm bis zu mir, bis in mich gereicht,
hinein gelangt; oder wie gieng es ohne die Fortpflanzung
durch Schrift und Wort und Werke und ihr Hineinwirken
in mich durch Aug' und Ohr. Und alle diese Stralen,
die von Plato in die Welt ausgegangen, hängen noch
eben so als beim Ausgange zusammen, wie die Welle um
den in den Teich geworfenen Stein in ihrer weitesten
Fortpflanzung trotz aller Brechungen und Zurückwerfun=
gen, die sie erfahren mag, zusammenhängend bleibt. Und
in welchen Menschen sich etwas von einem solchen Strale

erstrecken mag, er wird dadurch ein Glied von Plato's
jenseitigem Leibe, wozu zwar im weitesten Sinne Alles
beiträgt, was von ihm diesseits ausgegangen, und das hat
keine Gränze; aber nur was von bewußtseinstragenden
Bewegungen in ihm ausgegangen, wird fähig sein, sein
bewußtes Leben fortzusetzen, und dessen leibliche Unterlage
im engern Sinne geben.

Und wieder scheint die Lehre seltsam; und ist doch wie=
der nichts als wörtlich der Bibel eigenste Lehre. Denn
nach den wiederholtesten Aussprüchen der Bibel hat Chri=
stus, für den Uebergang in's Jenseits unser Vorbild,
Christus, bei dem die Christen nach dem Tode sein sollen,
den Leib in seiner Gemeine; der Glieder sind viele, der
Leib ist einer*); die Leiber der Gemeindeglieder sind selbst
die Glieder dieses Leibes**); darüber hinaus Brod und
Wein, von ihm geweiht, im Andenken an ihn genossen,
in seinem Sinn Gemeinschaft bildend, von Christus selber
geradezu sein Leib und Blut genannt; wonach auch Luther
und Andre dem Körper Christi in seiner Erhöhung Allge=
genwart zuschreiben***) Indeß aber Christus in seiner
diesseitigen Gemeine wie in einem Leibe wohnt, soll er
doch auch mit einer jenseitigen Gemeine, die aus der

---

*) 1. Cor. XII. 12—17. 20. 27. — Röm. XII. 4. 5. — Ephes.
I. 22. 23. IV. 4. 11—16. V. 29—32. — Col. I. 21. II. 19. —
Gal. II. 20. III. 27. 28.

**) 1. Cor. VI. 15.

***) Vgl. Zend-Avesta III. 376.

diesseitigen gekommen, in einem höhern Reiche über dieser wohnen.

Alles wahr, klar, einfach und verständlich, wenn die vorige Lehre wahr ist; sie sagt ja weiter nichts, als eben ganz dasselbe; hohle Worte, unfaßliche Widersprüche, wenn sie nicht wahr ist.

Indem wir so von dieser Seite des Argumentes her in die christliche Ansicht von persönlichen Vermittelungen, die aus dem Jenseits in das Diesseits übergreifen, hineintreten, entwickelt sich von einer andern Seite des Argumentes her eine Ansicht von höhern vermittelnden Existenzen zwischen uns und Gott, wodurch der heidnische Glaube an die Göttlichkeit der Gestirne mit dem christlichen Engelglauben, der mit ihm Eines historischen Ursprunges ist, und selbst in der Bibel noch damit vermischt und verwechselt wird*), auch gemeinsam begründet, vermittelt und in den Glauben an den einigen Gott aufgehoben wird. Die Welt ist danach nicht mehr ein Rollwerk todter Bälle; sondern das gesammte diesseitige und jenseitige Geistesleben jedes Gestirns verknüpft sich eben so in einer Bewußtseinseinheit desselben unter der göttlichen, als das gesammte Anschauungs- und Erinnerungsleben jedes Geschöpfes in einer Einheit unter der seines Gestirns**); und was geglaubt wird

---

*) Vgl. Zend-Avesta I. 211 f.

    Die nähere Begründung und Ausführung hievon f. im 1. Theil des Zend-Avesta und dem 9. Kap. der Schrift über die Seelenfrage.

oder doch gesagt wird, wenn schon es wieder nicht geglaubt wird, ist wahr, daß ein Engel uns diesseits auf allen unsern Wegen führt und uns endlich in das Jenseits trägt; nur daß wir das innerlich in ihm zu denken haben, was wir äußerlich dachten, wie dasselbe ja auch von unserm Verhältnisse zu Gott und Jenseits gilt; und nicht für jeden andern Menschen ein andrer Engel da ist, sondern für jede andre Geistergemeinschaft im Himmel. Die Engel aber, die jeden Menschen im Besondern oder vielmehr die menschliche Gesellschaft nach besondern Richtungen führen, kann er in den Theilhabern dieses Geistes, den Geistern der Abgeschiedenen, suchen, von denen er sich führen läßt.

So wird Alles denkbar, was wir sonst nicht zu denken wissen, so stimmt Alles zusammen, was wir sonst nicht zusammenzubringen wissen, so werden alle Worte wahr, mit deren Klang wir sonst nur zu spielen wissen.

––––––––––

Es sei genug; ich wollte ja hier überhaupt nicht sowohl den Glauben, als die Motive und Argumente des Glaubens entwickeln; nur daß die Entwickelung jedes Glaubens-Argumentes von selbst in eine Entwickelung des Glaubens ausschlägt.

Und das ist das Unvergleichliche, Unersetzliche dieser Argumente, daß sie in den Gründen der Sache zugleich die Gründe der Entwickelung der Sache geben. Leicht sind die hergebrachten Argumente an den Fingern abge=

zählt, doch wie sie abgezählt sind, ist man auch mit ihnen fertig.

Im Uebrigen gilt von allen Argumenten und vom Zusammenhange aller, was vom historischen gesagt ward: Das Allgemeine bleibt sicherer dadurch gestellt, als sich das Einzelne damit stellen läßt. Das All= gemeine aber hängt so fest in sich zusammen, daß etwas von diesem Zusammenhange brechen heißt, den Grund des ganzen Glaubens brechen.

Steht aber dieser Grund einmal als unverbrüchlich fest, so kann auf ihm der Streit um Einzelnheiten wohl von Statten gehen und immer neu beginnen; ja es muß so sein; denn anders ist es mit dem Glauben als dem ersten Thurm; nur aus dem Streit und Mißverstande der Bauleute steigt er endlich fest als Denkmal der Versöhnung auf.

Dann braucht kein Wort ferner noch mit Aengsten fest= gehalten zu werden, damit der Glauben stehe; nur daß ein jedes verworfen werde, was nicht auf dem Grunde der drei Argumente steht; denn damit steht von selbst das Fun= dament des Glaubens und sein ewiger Fortschritt fest. Dieß ganze Buch besteht nur in der Behauptung dieser Glaubensseite und weiter nichts mag von ihm festgehalten werden.

VIII.

Stellung einer exacten Lehre von Leib und Seele (mit Rücksicht auf die Nervenfrage) zu den Glaubensfragen.

———

Was ich nur eben von allen Argumenten gemeinsam sagte, gilt auch ganz insbesondere von dem, womit wir uns zuletzt beschäftigt haben, dem Argument vom Körper; das Allgemeine bleibt sicherer dadurch gestellt, als das Einzelne sich damit stellen läßt; und noch gar viele Fragen ließen sich aus dem Gesichtspuncte desselben aufwerfen, ohne sich schon aus dem Gesichtspuncte desselben anders beantworten zu lassen, als durch unbestimmte Möglichkeiten oder Analogieen, die zu vereinzelt sind, um Sicherheit zu gewähren. Eine exacte Wissenschaft vom Zusammenhange zwischen Leib und Seele, ich habe sie Psycho=physik genannt, wird sich erst fester stellen und zu größerer Entwickelung gelangt sein müssen durch sorgsamere und genauere Ermittelung der Thatsachen und Gesetze dieses Zu=

sammenhanges in unserm kleinen Leib und Leben, als jetzt
der Fall, um dem Argument vom Körper für diesen Zusammenhang in einem größern und jenseitigen Leib und
Leben bestimmtere Anhaltspuncte und Entwickelungsmomente bieten zu können. Aber sicher wird einst die Zeit
kommen, wo man das Kleine und Große, in Form Ver-
schiedenste, in diesem Gebiete eben so gemeinsamen Gesichtspuncten und Gesetzen wird unterzuordnen wissen, als
im reinen Körpergebiete den Fall des Apfels und die Be-
wegung der Erde um die Sonne, den Stral, der leuchtet
und den Stral, der schallt; eben so im einen das andre
wird wiederzufinden wissen. Nun aber ist eigen, daß die,
die nicht einmal von dieser allgemeinsten Foderung noch
von den ersten Principien einer solchen Lehre eine Ahnung
hatten, ihr die Gränzen vorschreiben, und wo sie des kleinen Menschen Nerven, diese ganz beschränkte Form, in der
sich Schwingungen des Körpers einem Geiste unterbauen
können, nicht mehr erblicken, meinen, es könne auch von
Gott, Jenseits und andern Seelen nicht die Rede sein.

Wie handgreiflich der Fehlschluß ist, welcher aus Abwesenheit der Nerven Abwesenheit der Seele folgert, habe
ich schon an mehr als einem Orte gezeigt*). Wie man
aber von der Natur sagt, furca expellas, usque recurret,

---

*) Nanna S. 37 ff. — Ueber die Seelenfrage S. 27 ff.

so kann man es von diesem Schlusse sagen. Ich lasse die
Gabel ruhen. Er wird so lange wiederkehren, als der Un=
glaube, den er im Zirkel beweist, ihn aufrecht hält und
eine beschränkte Weltansicht noch eine willkommne Stütze
in ihm findet; nur daß man sich einst wundern wird, wie
eine solche Ansicht auf solcher Stütze sich so lange halten
konnte. In frühern Zeiten galt es für ein Axiom, daß
Himmelskörper sich nur in Kreisen bewegen können; die=
selbe Rolle als jetzt dieses Axiom wird einst das Axiom,
daß Seelenbewegungen nur auf Grund von Nervenbewe=
gungen von Statten gehen können, spielen.

Und wären Nerven nöthig, so fehlen sie ja nicht dem
gemeinsamen Unterbau der göttlichen und jenseitigen Welt.
Vielmehr statt eines einzigen Systems liegt ein System
von Nervensystemen vor, durch Schwingungen, die Blick
und Wort vom einen zum andern hinübertragen, und noch
durch mehr als sie, zum engeren System gebunden, durch
solche, die zwischen allen Sonnen laufen, in's größte ein=
gebunden. Warum aber Schwingungen dieser Art zwischen
diesen Systemen weniger geeignet sein sollen, innere gei=
stige Bezüge zu vermitteln, als Schwingungen, die zwischen
Ganglienkugeln laufen; und das allgemeinste System von
Schwingungen des Unwägbaren weniger geeignet, als
die darin begriffenen speciellen, einen Geist zu tragen, da=
von sucht man auch nur die Spur eines exacten Beweises
bei Materialisten und Idealisten vergebens, die sich trotz

allem Widerstreit in Worten so gern in der geistbeschrän=
kendsten Weltansicht und darum auch in ihrer Stütze be=
gegnen.

Vergleiche man doch damit die so natürliche Auffassung,
die Plato in einem seiner Dialoge (Philebos) dem Socrates
in den Mund legt *).

Socrates: „Was zur Natur der Leiber aller Lebendigen
gehört, Erde, Feuer, Wasser und auch Luft, finden wir auch
in der Zusammensetzung des Ganzen; von jedem unter diesen
findet sich in uns nur gar Weniges und Schlechtes und nir=
gends ist etwas rein und den seiner Natur eigenen Kräften
ganz entsprechend. Z. B. Feuer ist in uns und in dem Gan=
zen. Aber in uns ist nur weniges, schwaches und schlechtes
Feuer; das aber in dem Ganzen ist bewunderungswürdig,
viel und schön und in der vollen Kraft, welche in dem Feuer
liegt. Das Feuer in uns aber nährt sich, wird beherrscht und
entsteht aus dem Feuer des Ganzen. Eben das muß man
von der Erde in den lebenden Wesen und von der im Ganzen
befindlichen Erde sagen, so wie vom Wasser und der Luft.
Alles eben Erwähnte, wenn wir es beim Menschen in Eins
verbunden sehen, nennen wir Leib. Ganz auf dieselbe Weise
können wir die Welt, die aus denselben Bestandtheilen zu=
sammengesetzt ist, einen Leib nennen. Wird nun wohl von
diesem Leibe unser Leib oder von unserm Leibe jener sich näh=
ren?" — Protarch: „Auch dieß ist nicht der Frage werth."
— Socrates: „Aber hat nicht unser Leib eine Seele? Wo=
her nun sollte er sie erhalten haben, wenn nicht auch des

*) Nach einer Uebersetzung im deutschen Museum 1862. Nr. 41.

Ganzen Leib beseelt wäre, dasselbe habend wie er, und noch trefflicher?"

Man mildre nur im Vorigen den Ausdruck schlechtes; mag er uns bedeuten: was für sich keine Kraft und keinen Werth hat.

Ein Astronom hat gesagt, er habe den ganzen Himmel durchforscht und habe Gott nicht finden können; natürlich, wie man den Geist in unserm Gehirn mit aller mikroskopischen Durchforschung nicht finden kann; es fragt sich aber, ob man etwas dagegen findet. Und ich sage, daß ich die ganze Psychophysik durchforscht habe, und mußte ich es nicht, da es galt, sie zu bauen, und nichts gefunden habe, was gegen Gott und Jenseits läuft; aber eben nur, weil ich sie ganz durchforscht habe, so weit sie bis jetzt reicht, und etwas tiefer durchforscht habe, als das Skalpell des Anatomen und der Blick des materialistischen Physiologen reicht.

Wie aber ein Stern nicht zugleich hier stehen kann und da, das Ptolemäische und Copernikanische System, das Emissions- und Undulationssystem nicht beide zugleich richtig sein können, und in diesem Sinn die Wahrheit der Naturwissenschaft überhaupt nur eine ist, ist die der Psychophysik, welche die Principien ganz, das Material halb mit ihr gemein hat, nur eine; und wenn die Psychophysik erst wenig leisten kann, uns auf den Wegen zu den höchsten und letzten Dingen mit zu führen, für sich allein

wird sie's ja nie vermögen, so schließt sie doch von vorn
herein Wege, die wegen des Widerspruchs mit in ihr fest=
stehenden Wahrheiten falsch führen müssen, und läßt nur
den einen, den wir betreten haben, offen, den historisch
und praktisch geforderten Glauben wiederzufinden.   Alle
jene Analogieen, mit denen wir vom Menschen zu Gott,
vom Diesseits zu dem Jenseits, am Faden des Gleichen
und Ungleichen, erweiternd und steigernd, zu gelangen
suchten, sind für die Psychophysik nicht vorhanden; auf
solchem Wege kann sie sich nicht erbauen, es sind für sie
nur ganz entlegene Möglichkeiten; aber es sind doch Mög=
lichkeiten, die sich sogar Gesichtspuncten derselben unterord=
nen lassen, die mehr als Möglichkeiten sind*), und sind die
einzigen Möglichkeiten, den religiösen Glauben mit dem
psychophysischen Wissen in Einstimmung zu bringen; sonst
hat der Materialismus, der den Glauben abweist, Recht.
Hiegegen giebt es andre Ansichten, die von der Körper=
seite her den Glauben mit zu stützen suchen, die zugleich
psychophysisch unmöglich sind und es unmöglich machen,
die historischen und praktischen Glaubensfoderungen zu
befriedigen.

So jene viel vertretene, nach welcher jede Seele ihren
Sitz hienieden in einem Puncte des Leibes hat, sei's als
ein metaphysisch einfach Ding, sei es als ein nach Außen

---

* Psychophysik II. Kap. 45.

physisches, nach Innen psychisches, Atom, welch' einfach
Ding oder Atom sich mit dem Tode aus seiner weiten
körperlichen Hülle befreie. Das gerade Gegentheil von
unserm Glauben, nach dem schon der jetzige Wohnsitz der
Seele ein ausgedehnter körperlicher Bau ist, mit dem sie
nicht äußerlich verknüpft ist, den sie innerlich verknüpft, der
jenseitig-künftige ein noch weitrer Bau, und der Wohnsitz
Gottes endlich der weitste Bau, der alle diese Baue einschließt.

Aber es ist unmöglich, jene Ansicht vom einfachen
Seelensitze festzuhalten, ohne mit den festesten Thatsachen
der Psychophysik in Widerspruch zu treten*); dem jenseitigen Dasein werden damit alle Mittel des diesseitigen
genommen, ohne sie durch andre oder auch nur durch ein
Princip des Ersatzes zu ersetzen; und soll von Gott darin
die Rede sein — gern aber vermeidet man dabei von Gott
zu sprechen — so wird er wie die andern Geister zu einem
Punctbewohner oder Puncte, oder aus der Consequenz
fallend zu einem Bande der Puncte, das keine Einheit des
Bewußtseins hat, sofern die Einfachheit des Punctes dieselbe gründen soll. Auch hierin das gerade Gegentheil
von unserm Glauben, nach dem das jenseitige Leben
nur mittelst des göttlichen anstatt auf dessen Kosten zu
gewinnen ist.

---

*) Psychophysik II. 381 ff.

So jene nicht minder oft vertretene Ansicht, daß ein
ätherischer Leib aus unwägbaren Stoffen in unserm jetzi=
gen gröberen als wie in einem Gehäuse eingeschlossen sei
und mit dem Tode unter wesentlicher Forterhaltung sei=
ner Organisation sich befreie. Aber es widerspricht der
Psychophysik, weil der Physik, einen organischen Leib aus
unwägbaren Stoffen für sich bestehend zu denken, ein
stärkeres Verlangen, als daß flüssig Wasser nach Zerbre=
chen des Glases noch seine alte Form behalte; und mehr
noch, ihn ohne Hülfe des alten wägbaren Leibes einen
neuen bauen zu lassen; wo sah man je etwas, als träu=
mend, was solche Möglichkeiten begründete. Auch diese
Vorstellung nimmt dem Geiste nur Mittel, sich mit der
Außenwelt in Beziehung zu setzen, statt solche zu erwei=
tern. Wieder das Gegentheil von unsrem Glauben, nach
welchem unser künftiger Leib ein aus dem ganzen jetzigen
hervorgewachsenes nur größeres System des Wägbaren
und Unwägbaren sein wird, wobei nichts hindert, die
Seelenschwingungen noch eben so wie jetzt an die Schwin=
gungen des Unwägbaren doch vorzugsweise geknüpft zu
denken; nur daß eine Organisation des Unwägbaren hier
wie dort ohne die des Wägbaren nicht denkbar und nicht
zu beschaffen ist.

Allgemein gesprochen liegt in unsrer gründlichen Un=
kenntniß der Grundbeziehungen von Leib und Seele noch
ein ungeheurer Schatz verborgen, den die Zukunft zu heben

hat. Der Materialismus liegt wie ein Cerberus über dieſem Schatze, wachend, daß er nicht idealiſtiſch verzettelt, aber auch daß er nicht der Religion zum Gewinn gehoben werde, weil er damit ſelbſt wird aufgehoben ſein, unwiſſend um die Größe und Bedeutung dieſes Schatzes. Schlimm ſtände es um den Glauben, wenn es zu ſeinem Beſtande und zu ſeinem Leben der Hebung dieſes Schatzes erſt bedürfte; doch wird das Bedürfniß dazu wachſen, ſo wie die Anſprüche an den Glauben wachſen; daraus werden ſelbſt Anregungen zu ſeiner Hebung kommen; nach Maßgabe als ſie gelingt, wird immer mehr vom Glauben in Wiſſen aufgehoben werden; der Glaube aber damit nur um eine Stufe höher darüber ſteigen.

IX.

Fragen, wie der Glaube zuerst an die Menschheit
kam, und wie die Motive und Gründe für den
Glauben an das Dasein Gottes in dem
Dasein Gottes wurzeln.

––––––

Hienach noch einige Worte über diese Fragen, die wir
bisher zurückstellten, obwohl sie sich von Anfange herein
aufdrängten. Wir stellten sie zurück mit dem Gewinn,
daß wir ihnen jetzt mit größerer Klarheit als anfangs begegnen können, mit größerer, wenn schon bei Weitem nicht
mit voller. Denn Meinen, Glauben, Wissen laufen dabei
immer noch vielfach in einander, besonders bei der ersten;
sorgen wir nur, daß sie nicht aus einander laufen.

Die erste anlangend, so liegt es unstreitig am nächsten, zu denken, daß der Glaube an Gott sich von Anfange
an blos durch die Wirkung des theoretischen und praktischen Motivs erzeugt und der erzeugte dann historisch fortgepflanzt habe. So hätte das historische Motiv ursprüng-

lich nur die zweite Stelle. Von andrer Seite, wenn das
historische Motiv jetzt das erste ist, was jeden Menschen an
Gott glauben läßt, sollte es nicht auch von vorn herein
das erste gewesen sein? nicht, so wie jetzt die Aeltern den
Glauben an Gott den Kindern einpflanzen, ehe noch das
theoretische und praktische Motiv einen Angriffspunct in
ihnen finden, Gott als Vater der Menschen ihnen auch
den Glauben an ihn zuerst auf eine unmittelbare Weise
mitgetheilt haben? So hätte das historische Princip seinen
Ausgang von sich selbst genommen; die andern Principe
aber nur seine Leistung fortgesetzt, indem sie zur Erhaltung
und Ausbildung des von Gott unmittelbar den Menschen
eingepflanzten Glaubens gewirkt.

Aber ich meine: so wenig jetzt die drei Principe um
den Vorrang streiten dürfen; sie leisten und können nur
leisten, was sie leisten, durch ihren Zusammenhang und
ihre Stützung auf einander; wird es von Anfange an ge=
wesen sein; vielmehr der Anfang selbst der erste und engste
Knoten der Verschlingung, in der wir sie jetzt erblicken,
gewesen sein. Und dürfen wir Gott als Vater der Men=
schen betrachten—wir dürfen es aber, nur mit dem Unter=
schiede, daß Gott seine Kinder in sich, statt aus sich heraus
zeugt und gebiert — so können wir die Weise, wie der
Glaube an Gott zuerst an die Menschheit kam, auch nur
mit der Weise vergleichen, wie der Glaube an die Aeltern
von den Aeltern zuerst an die Kinder kommt, nicht wie der

Glaube an Gott zuerst von den Aeltern an die Kinder kommt; und die Erzeugung des Glaubens an Gott durch Gott wird auch vielmehr eine innerliche als äußerliche sein.

Ich denke mir es aber so:

Unstreitig war die den Menschen umgebende Natur von Anfange an danach angethan, ihn eine Macht über seiner anerkennen zu lassen, und so lange er den eigenen Geist vom Körper noch nicht in abstracto dachte, da er Beides Anfangs gar nicht unterschied, auch kein Anlaß, den Geist von der Natur zu abstrahiren; die Sonne, die am Himmel geht, für weniger lebendig zu halten, als sich, der auf der Erde geht; nur für mächtiger, erhabener, glänzender mußte er sie halten. Vermochte er doch nicht wie sie den Tag zu erhellen, die Blumen zu öffnen, die Früchte zu reifen. Sollte er den Donner für etwas Schwächeres und Tod= teres halten als seine Stimme, den Sturm für etwas Schwä= cheres und Unlebendigeres als seinen Athem, des Meeres Ebbe und Fluth für etwas Mechanischeres als seinen Puls? Was uns, nachdem die Abstraction des Geistes von der Natur, der Kräfte des Geistes von den Kräften der Natur, einmal geschehen, so ganz geläufig ist, war, ehe es dazu ge= kommen, ganz unmöglich, und eben so unmöglich, daß der Mensch mit solcher Abstraction begann. Das Bedürfniß aber mußte natürlicherweise den Menschen dazu treiben, sich mit der Macht oder den Mächten, unter deren Einfluß er sich fand und fühlte, auch in ein zusagendes Vernehmen zu setzen, und die Analogie, wie er sich hiebei gegen den Menschen zu benehmen hat, ihn dabei leiten. Diesen Charakter hat ja alle Naturreligion. Und hierin sehen wir die ersten Wirkungen des theoretischen und praktischen Motivs.

Nun aber, wenn Gott wirklich in der Natur wohnt und lebt und wirkt, die Menschen in Gott leben, weben, sind; so war diese unmittelbare Weise, wie das Dasein Gottes und seiner höchsten Wesenheiten sich dem Gefühl oder Bewußtsein derselben zuerst aufdrang, eben auch die erste natürliche Sprache Gottes zu den Menschen, deren Verständniß uns nur jetzt nicht mehr geläufig ist; also daß das historische Motiv, indem es seinen Anfang in einer Uroffenbarung Gottes sucht, vom theoretischen und praktischen sich Anfangs gar nicht scheiden läßt. Hat doch Gottes Dasein selbst seine theoretische und praktische Seite, und in der Urwirkung nach beiden Seiten auf die in ihm geschöpften Wesen lag eben die Uroffenbarung Gottes, von der alle historische Fortpflanzung des Glaubens ausgieng, und die allen unsern theoretischen und praktischen Motiven als Keim vorangieng.

So erkennt das Kind zuerst die Aeltern im unmittelbaren Anschauen am Benehmen gegen sich und nach von selbst sich geltend machenden praktischen Beziehungen als das, was sie ihm sind. Ehe es ein Wort versteht, versteht es schon den Laut, den Blick, die Miene, die Geberde, das

Lächeln und die Drehung, versteht Alles richtig von den richtigen Aeltern; und diese sprechen anfangs mit ihm keine andre Sprache; erst später tritt das Wort an deren Stelle. Gott hat mit dem, womit er über seine Geschöpfe hinausreicht, nicht minder hörbar und sichtbar vor den ersten Menschen gestanden, und seine Macht und praktischen Beziehungen zu ihnen sind ihnen nicht minder fühlbar gewesen. Da gab's noch keine Lehre, welche Gott über die Himmel setzte, die Welt aus Gott herausfallen ließ; der Mensch konnte noch an den Lebendigen glauben, den er vor sich, um sich sah, und der auf ihn wirkte; und ohne noch den Namen Gottes zu kennen, konnte er auf ihn gegenwirken, Bewußtseinsbeziehungen, Gefühle zu ihm tragen, wie es in der Natur des neugeborenen Kindes gegen seine Aeltern liegt, und alles dieß sich in der erwachsenden Menschheit nur weiter entwickeln.

Denn wie das Gefühl des neugeborenen Kindes zu den Aeltern von Anfange herein das innigste, einigste und für alle Kinder einstimmigste, aber zugleich unentwickeltste ist, mochte das Gefühl der Beziehungen des Menschen zu Gott, des Seins und Lebens in und mit Gott, von Anfange herein denselben Charakter tragen; — wer freilich will es jetzt noch ganz nachempfinden, nachbeschreiben, wie es war; — mit der beginnenden Entwickelung aber auch die Zersetzung, Verirrung und Verwirrung beginnen, von der sich die Menschheit erst allmälig wieder zu erholen hat.

Dieß dürfte im Wesentlichen richtig bleiben, wie wir auch die Entstehung und den ersten Zustand des Menschen denken mögen, und die Ungewißheit nur die, bei aller Wichtigkeit doch v e r h ä l t n i ß m ä ß i g untergeordnet bleibende Fragen betreffen, ob das Gefühl der Beziehungen zu Gott schon in den e r s t e n Menschen zur b e w u ß t e n Vorstellung eines gegenständlichen göttlichen Daseins gedieh, schon in ihnen die ersten, vielleicht gar größten, Stadien durchlief, wobei auch schon die ersten Verirrungen eintreten konnten, oder erst ganz allmälig durch die Menschheit dazu gelangte; ob die erste Entwickelung von Anfange zum einigen Gott oder zur Vielgötterei führte; ob sie von einem Menschenpaare oder Volke auf alle andern übergieng oder sich selbständig hier und da entwickelte. Die meisten dieser Fragen aber, wenn nicht alle, werden sich so wenig je sicher entscheiden lassen, als die Frage nach dem ersten Zustande, der ursprünglichen Einheit oder Vielheit, dem Ursprunge der Racen und Sprachen der Menschen, womit sie zusammenhängen. Man kann sich Gedanken darüber machen, doch bleiben es Gedanken.

Ist Darwin's Ansicht wahr, zu der sich so viele Naturforscher bekennen oder neigen, daß alle vollkommneren Geschöpfe sich im Laufe von Millionen Jahren aus den unvollkommneren herausgebildet haben, der Mensch ein Sohn sei des Molches und des Affen, so ist es selbstverständlich, daß die Religion nicht schon im ersten Menschen,

d. i. der die Stufe des Affen eben überstieg, sondern sehr
langsam in der Menschheit zur bewußten Entwickelung
kam; auch selbst im Neger steht sie ja noch tief. Entgegen
steht die Ansicht, daß nicht der Organismus des Molchs
und Affen, sondern der des irdischen Reiches, der doch einmal die ersten Vorältern des Affen in sich geschöpft haben
mußte, durch eine Stufenreihe immer neuer Schöpfungen
sich so weit in seiner Schöpferthätigkeit gehoben habe, um
es endlich in einer letzten Anstrengung, wir nennen sie die
letzte Erdrevolution, bis zur Schöpfung des Menschen zu
bringen, aus demselben nur höher anschwellenden allgemeinen Borne, aus dem die erste Schöpfung geschahe.
Und wie der Mensch sichtlich zur ganzen Erde in Zweck-
beziehung steht, so hätten sich auch die Kräfte des ganzen
irdischen Reiches zu seiner Schöpfung neu zusammenge-
than, nicht aber blos den Affen durch allmälige Nachbesse-
rung zum Menschen erhoben.

Unter dieser Voraussetzung konnte der erste Mensch von
seinem andern Ursprung, dem frischen Ursprunge aus dem
großen allgemeinen Schöpfungsborne, her auch manche
vorzüglichere körperliche und geistige Eigenschaften haben,
als die nachgeborenen Menschen, nähere und innigere Er-
kenntniß- und Gefühlsbeziehungen namentlich zu Natur und
Gott, wie alles Erste zu dem, woher es stammt, unmittel-
barere Beziehungen hat, als alles Nachgemachte; der
Sohn vom Vater nähere Kenntniß hat, als der Enkel.

Aus exactem Gesichtspuncte aber ist eine Ansicht so un= wahrscheinlich, fast möchte man sagen so unmöglich, wie die andre. Und doch muß man an eine von beiden Un= möglichkeiten glauben, ein Beispiel, wie der Glaube das Wissen zwingen kann.

In Darwin's Ansicht muß den langsam umbildenden Kräften und der langsamen Umbildungsfähigkeit der Or= ganisation eine alles Maß der Erfahrung übersteigende Tragweite zugetraut, in der entgegenstehenden den Revo= lutionen der Erde eine überhaupt unbekannte Kraft beige= legt und mit den jetzigen Veränderungen unvergleichbare Revolutionen der Erde überhaupt angenommen werden. Jene Ansicht kann von allen Seiten an Jetziges, an Be= kanntes anknüpfen; mit dem Gespinnste inductiver Fäden ganze Bände füllen; nur daß keine Fäden so weit reichen, als sie reichen sollen, das Versponnene sich zeitig in sich selbst verläuft, und der ungeheure Haufe der Beweismittel nicht den dürftigsten Beweis begründet. Die andre An= sicht kann an nichts Jetziges, nichts Bekanntes anknüpfen; nur erstens auf der nicht minder werthvollen Gewißheit fußen, daß die unbekannten Kräfte, die sie braucht, auch nach jener Ansicht, die ihr wiederholtes Wirken leugnet, ein Erstesmal gewirkt haben müssen. Zweitens auf der Wahrscheinlichkeit, daß Erschütterungen, Revolutionen von selbst nicht recht erkannter Natur das ganze irdische Reich wirklich wiederholt in Zusammenhange oder größerer

Ausdehnung betroffen haben müssen; — wiederholen sich
doch solche Revolutionen noch jetzt in der Wissenschaft da=
von, der Geologie, mit Zwischenzeiten und Orten freilich,
wo nur noch langsame Hebungen und Senkungen den
Platz behaupten. Drittens auf der Betrachtung, daß der
teleologische Zusammenhang, die architektonische Gliede=
rung und die für Organismen so charakteristische Periodi=
cität des irdischen Reiches es wirklich einem Organismus
vergleichbar macht. Auch jede neue Zeugung und Geburt
eines Menschen aber, sogar jedes Hervorbrechen eines
neuen Zahnes, erfolgt durch Kräfte, die, im gewöhnlichen
Laufe der Dinge schlafend, von Zeit zu Zeit erwachen, und
den ganzen Organismus neu aufrühren; nicht durch Nach=
besserung eines alten Kindes oder alten Zahnes. Durch
unerklärte Kräfte; man darf nicht daran glauben; doch
zwingt die Thatsache, daran zu glauben; kehrt aber nur
nach längeren Zwischenzeiten wieder; und so mag sie bei der
Erde nach noch längeren Zwischenzeiten wiederkehren, als
bei ihren Gliedern; wir aber leben in den Zwischenzeiten.
Nur daß der Haufen dieser Analogieen für eine exacte
Wissenschaft so wenig bedeuten kann, als Darwin's Hau=
fen von Inductionen, welche in gewissem Sinne die Maus
den Berg gebären lassen, indeß unsre Analogieen in an=
derm Sinne den Berg die Maus gebären lassen.

Am einfachsten und den Principien, die in solchen Fäl=
len von den Exacten befolgt zu werden pflegen, angemessen=

sten wäre es hienach, die Entstehung des Menschen, als
für die eracte Forschung unerklärlich, überhaupt zu leugnen
und das Menschengeschlecht für nicht existirend zu erklären.
Wir selbst verzichten, uns weiter in eine Frage zu vertiefen,
die wir nicht austiefen können.

Die zweite Frage, wie die drei Motive und Gründe
für das Dasein Gottes in Gottes Dasein wurzeln, ist,
wenn uns fest steht, daß wir in Gott nicht außer Gott das
Dasein haben, eine Frage, die sich der allgemeinern unter=
ordnet, wie unser ganzes Seelenleben in dem göttlichen
wurzelt, hiemit eine Frage der göttlichen Psychologie.

Vor Allem fragt sich: wie kann es überhaupt beson=
derer Vermittelungen für den Glauben an Gott innerhalb
Gottes selbst bedürfen, und wie ist ein Zweifel an dem
Dasein Gottes in Gott selber möglich, der vielfach doch
im Menschen und hiemit in Gott besteht, wenn er den
Menschen einschließt; zweifelt auch jemand an seinem
eigenen Dasein? Ja kann das nicht sogar einen Zweifel
daran selbst, daß Gott uns in sich hat, begründen?

Unstreitig zweifelt niemand an seinem eigenen Dasein,
also auch Gott nicht; wir aber sind nicht Gott, weil wir
in Gott sind und schließen nicht eben so wie Gott uns ein=
schließt, wieder ganze Wesen mit einem Ich ein, die des
Gedankens eines höhern Ich, und hiemit auch keine, die
des Zweifels daran fähig sind, sondern sind selbst die erste
Stufe solcher Wesen, und zu Allem muß es eine erste

Sinne geben. Also kann es für uns wohl besondrer Vermittelungen bedürfen, um zum Glauben an das höhere
Ich zu kommen, deren es für uns nicht bedarf, um zum
Glauben an unser eignes Ich zu kommen, und deren es
auch für Gott nicht bedarf, um zum Glauben an sein eignes
Ich zu kommen, aber eben nur in der höchsten Sphäre seines Bewußtseins nicht. Mein Auge und Ohr mit ihren
Sinneskreisen kann ich meinerseits durch nichts belehren,
daß mein Ich über ihnen ist; sie sind dafür überhaupt
unempfänglich; sie haben nichts als Sinn. Gott dagegen
kann uns, und darin stehen wir über unsern Sinneskreisen,
zum Glauben an sich führen, und ein Theil seiner Aufgabe
besteht darin, die niedern Ichs zum Glauben an sein höchstes Ich zu führen. Wie er uns aber dazu führen kann,
das haben wir nicht erst nach Analogieen zu erschließen,
vielmehr liegt uns die Thatsache davon vor. Sehen wir
nach den Motiven und Gründen, wie sie sind; wir haben
es gethan, und haben damit selbst einen Einblick in den
Zusammenhang der menschlichen und göttlichen Psychologie
gethan.

Damit ist freilich noch nicht Alles abgethan. So wenig
die menschliche Psychologie dabei stehen bleiben kann, die
einzelnen Vermögen und Bestimmungen der Seele äußerlich neben einander zu stellen; vielmehr gilt es auch den
innern Zusammenhang und die gemeinsamen Bedingungen
davon zu zeigen; wird die göttliche dabei stehn bleiben

können, will der Mensch sich überhaupt an eine solche wa=
gen. Also wird auch dem innern Zusammenhange der drei
Motive und Gründe des Glaubens an Gott in der Ein=
und Unterordnung der menschlichen Psychologie unter die
göttliche noch tiefer nachzugehen, und hiezu mit tieferem
Eingehen in die menschliche Psychologie selbst auszuholen
sein. Aber es kann nicht Alles auf einmal und an dem=
selben Ort geschehen. Hier galt es nicht das Wagniß einer
göttlichen Psychologie selbst, worin die Motive und Gründe
des Glaubens als innere Momente aufzutreten haben, son=
dern nur die Begründung der Idee und allgemeinen Mög=
lichkeit davon durch diese Momente. Denn giebt es den
Gott, den wir damit gefunden haben, und haben wir uns
damit selbst in Gott gefunden, so haben wir damit auch
den Ansatz zu einer solchen Lehre gefunden.

———————

X.

Der orthodoxe und freie Standpunct.

Ich will ein offenes Bekenntniß thun.

So frei der Standpunct ist, den ich in dieser Schrift
vertrete und in frühern Schriften vertreten habe, so hat
mir doch der orthodoxe, wo ich ihm anderwärts begegnet
habe, wenn schon nicht überall, so doch im größern Durch=
schnitt, mehr gefallen, als der freie; und der solidarisch
feste Glaubenshalt am Wort der Bibel, selbst wenn Noäh
Arche mit der ganzen heutigen Thierwelt und der Still=
stand der Sonne am Tage des Falls von Jericho mit
eingieng, mehr als die vernünftigste zersetzende Kritik,
die neukatholischen und freien Gemeinden aber immer
wie Heerden geschienen, die froh sind, des hütenden
Hundes oder gar des Hirten los zu sein, und damit dem
Wolfe anheimfallen, jedenfalls nur so lange eine Heerde
bleiben, als des Grases derselben Wiese genug ist, sie zu=

sammenzuhalten. Spreche ich aber nicht damit unwill=
führlich dem eigenen Standpuncte das Urtheil?

Es mag so scheinen; überlege ich aber, wie es kommt,
so ist die Sache die.

Die Religion am Ende der Tage, wie ich sie mir denke,
wird den festesten Glauben, den es überhaupt geben kann,
durch die vollkommenste Befriedigung der drei Principien
erzeugen. Die Allgemeinheit und Einstimmigkeit, in der
sie als die beßte und wahrste gelten wird, weil sie es wirk=
lich ist, wird keinen Zweifel bei dem Einzelnen von histo=
rischer und praktischer Seite her dagegen aufkommen lassen.
Indem sie zugleich die Vernunft in Allem befriedigt, was
die Vernunft verlangt und darin jede Einzelvernunft über=
bietet, daß sie von keiner in diesem allseitigen Genügen
der drei Principien erzeugt werden konnte, wird sie auch
von selbst die Unterordnung der dieß einsehenden Vernunft
unter den historisch festgewordenen Glauben und die Auto=
rität seiner Quellen mitführen. An dieser Festigkeit des
Glaubens, an dieser alles Schwankens in höchsten und
letzten Dingen überhebenden Unterordnung der einzelnen
Vernunft unter das letzte Ergebniß des Waltens der gött=
lichen Vernunft in der Geschichte aber wird ein wunder=
barer Segen hängen. Wenn ich nun sehe, daß Manche
diesen Segen schon jetzt so weit genießen, und in Gesin=
nung und Handlungsweise bethätigen, als es in der Zeit

der Nichtvollendung möglich ist, indem sie sich dabei theils auf das Bedürfniß dieses Segens selbst, theils auf die Wahrheit und Güte der Grundpuncte der christlichen Religion stützen, so erfüllt mich das mit stiller Achtung und mit Freude. Ich sehe darin von einer Seite den Ausdruck, von andrer Seite eine Vorwegnahme des Sinnes und der Sache einer vollendeten Religion, eine Vorwegnahme, die aber eben nur insofern stattfinden kann, als die Religion schon ganz für das gilt, was sie ihrer Idee nach ganz sein soll und die historischen Quellen derselben für unverbrüchlich gelten. Und sind es doch wirklich nur Puncte von verhältnißmäßig untergeordneter Bedeutung, in denen sie es nicht sind.

Ist es nun aber, so kann man freilich fragen, nicht vorzuziehen, dieß gerade so zu nehmen wie es wirklich ist, die Güte des Grundes und die Mangelhaftigkeiten im Ausbau der Religion zugleich anzuerkennen, in ihren Quellen Alles zu glauben, was gut und glaublich ist, und sich vom Glauben an das Uebrige zu emancipiren; also keinen der Irrthümer der Naturwissenschaft, die in der Bibel vorkommen, zu acceptiren, und handgreifliche Irrthümer der Art giebt es doch darin; überall zu fragen, was etwa von den Satzungen für das Handeln, den Einkleidungsweisen der Ideen durch Ort und Zeit bedingt sein konnte, und es mußte doch dadurch mit bedingt sein, um nicht aus Ort und Zeit herauszutreten; die Widersprüche in der Bibel anstatt zu verstecken, zu bemänteln, offen und klar in's Auge zu fassen und darzulegen, und Widersprüche gibt es doch in ihr; kurz überall das Richtige vom Unrichtigen, das Heilsame vom Gleichgültigen und Mangelhaften mit beßten Kräften der Vernunft zu scheiden.

Ich kann mich, stehe ich selbst schon ganz auf diesem Standpuncte, nicht überwinden, schlechthin zu sagen, es ist vorzuziehen, wenn ich um mich blicke, was aus solcher Behandlungsweise der Glaubensquellen gemeinhin herauskommt, die gänzliche Zerstörung jenes Glaubenssegens, der in der Gemeinsamkeit und Festigkeit des Glaubens liegt, und der die erste Bedingung seines ganzen Segens ist; dazu sehe, wie wenig das Volk besser, zufriedener, glücklicher, weiser dadurch geworden ist, daß man es in diesen Dingen mit der Muttermilch der Vernunft zu tränken angefangen. Die Religion sollte ja selbst der Vernunft des Einzelnen die obersten, sichersten, festesten Gesichtspuncte bieten; nun wird der Einzelvernunft·die Aufgabe gestellt, sie zu maßregeln, zu verbessern, zu richten und zu sichten; das ist die Sache auf den Kopf gestellt, und für die abschließende Einigkeit, die wir von der Religion zu fodern haben, kommt nun zu den übrigen Gründen der Uneinigkeit, die wir schon haben, die Verwirrung und der Hader um die Religion selbst und kommt leicht die ganze Religion abhanden.

Und warum stelle ich mich also nicht selbst mit auf den
Standpunct der unbedingten Gläubigkeit an das historisch
Gewordene? Aber ich kann es nicht und Hunderte und
Tausende können es nicht; das theoretische Princip macht
auch seine Ansprüche geltend, und soll sie geltend machen.
Und wenn der unbedingte Glaube an das einmal Geltende
seine durch nichts zu ersetzenden Vortheile für die hat, die
ihn haben, so tritt bei der Unmöglichkeit, daß ihn alle ha=
ben, die Vernunft dem Glauben überall geopfert werde,
doch auch noch eine andre Aufgabe in die Geschichte: die
Aufgabe, daß die Vortheile, welche jene fast nur aus=
nahmsweise und doch nicht in dem vollendetsten Grade
haben können, da sie die unvollendete Religion schon für
vollendet ansehen, durch das wirkliche Fortführen der Re=
ligion zur Vollendung einst das Gemeingut Aller werden
und ihre volle Höhe erreichen könne. Dazu muß es doch
endlich einmal kommen, daß die Vernunft, statt uner=
schwingliche Opfer für den Glauben von ihr zu verlangen,
endlich volle Befriedigung erlange und beitrage den Glau=
ben zu stützen, an dem sie jetzt rüttelt. Und dazu freilich
bedarf es des Eintritts freier Standpuncte in die Ge=
schichte, der Bestrebungen einer durch keine festen Dogmen
gebundenen Vernunft und ihres Rüttelns an dem, was
doch endlich einmal fallen muß, bedarf es der größten Viel=
seitigkeit, des wechselseitigen Kampfes und des Mißlingens
der meisten dieser Bestrebungen, damit nach Erschöpfung

und Abthun aller falschen Wege der rechte endlich fest und
sicher übrig bleibe. Was Alles doch nicht Platz finden soll
in Schulen und Kirchen; denn das Volk — man erläßt
mir wohl die Erklärung, was ich darunter verstehe — ist
nicht da, an den Verbesserungsversuchen des Glaubens sich
zu betheiligen, sondern seiner Vortheile zu genießen, so
weit sie da sind; und der Fortschritt des Glaubens hat
nicht von Schulen und Kirchen auszugehen, sondern nur
endlich da hineinzudringen, und wird es niemals ohne
eine Revolution, die noch mehr als den Glauben in Frage
stellt und trifft.   Und wie wenig wird es sein, was danach von allen wider den bestehenden Glauben und wider
einander laufenden Bestrebungen der Vernunft auf freien
Standpuncten endlich übrig bleiben wird; wie wenig das,
was zuletzt von diesem Glauben gefallen sein wird. Vielmehr wird das Meiste nur um so fester stehn von dem,
woran die Vernunft der Menge aus Unvernunft gerüttelt,
und dieses Rütteln selbst wird beigetragen haben, es endlich fest zu stellen.

So ist ein steter Conflict zwischen den Foderungen und
den Vortheilen beider Standpuncte vorhanden.   Wie ihn
heben in dieser Zeit? Er ist überhaupt nicht zu heben, so
lange bis die Vollendung der Religion ihn von selbst historisch gehoben hat; und daß er noch nicht gehoben ist,
beweist selbst, daß die Religion noch nicht vollendet ist.
Bis dahin wird es gut sein, daß es den orthodoxen und

daß es den freien Standpunct giebt, und man wird sich
bescheiden müssen, die Vortheile derselben nicht ohne die
Nachtheile derselben haben zu können, die nach dem histo-
risch-praktischen Princip doch endlich zur Vollendung des
Glaubens führen müssen.

———

XI.

Rückblick, Ueberblick, Vorblick.

Blickt man zurück, so wird man finden, daß in der
Aufstellung, Erörterung und Verfolgung des historischen
und praktischen Princips des Glaubens nicht wesentlich
über den heutigen Standpunct der Christenheit, so weit
sich überhaupt von einem allgemeinen Glaubens=Stand=
punct derselben sprechen läßt, hinausgegangen ist. Denn
mag man auch hier Manches anders, als sonst gesagt, zu=
rechtgelegt, die Argumente des Glaubens selber neu gefaßt
finden, so wird man doch in der Sache wesentlich nichts
Anderes finden, als was jeder, der auf dem Standpuncte
des heutigen Glaubens steht, ob Orthodox oder Rationa=
list, Katholik oder Protestant, will er nur überhaupt einen
religiösen Glauben, nicht wünschen möchte, so oft als
möglich gesagt, so zulänglich als möglich zurechtgelegt,
von so vielen Seiten als möglich begründet zu sehen. Ich
nehme Einiges aus, was Einzelnen oder einzelnen Frac=
tionen des heutigen Standpuncts nicht zusagen mag.

Anders wohl mit dem dritten, dem theoretischen, Prin=
cip des Glaubens, in dessen Aufstellung, Erörterung und
Verfolge so weit über den bisherigen Standpunct hinaus=
gegangen ist, daß die auf dem alten Standpunct alt Ge=
wordenen nicht leicht werden folgen können oder mögen;
und nach den Meistern richten sich die Schulen. Es ist im
selben Sinne hier darüber herausgegangen als schon in
frühern meiner Schriften und nur darin über diese selbst
hinausgegangen, daß die darin gegebenen Andeutungen
über die Stellung dieses Princ004es zu den beiden andern
durch die wirkliche Zusammenstellung damit und wechsel=
seitige Stützung aller auf einander zur Ausführung ge=
langt sind.

Erscheint das theoretische dabei bevorzugt? Ich habe
oft genug erklärt: es liegt kein Hauptgewicht darauf; das
Hauptgewicht liegt auf dem Halt, den der Glaube gemein=
sam in allen dreien findet. Aber das theoretische war seit=
her am meisten verkannt, verworfen und zerworfen; von
dieser Seite her bedurfte und bedarf der Glaube noch der
meisten Hülfe. Nach Allem war es dieß, was ich hier
zeigen wollte.

1) Der Glaube vermag nicht allein auf dem Grunde
des historischen und praktischen Princips zu entstehen und
zu bestehen; sondern bedarf der Hülfe des theoretischen
Princips. Dieses reicht aber eben so wenig für sich allein

in Glaubenssachen aus, sondern nur im Zusammenwirken und gegenseitiger Ergänzung mit jenen beiden.

2) Von jeher hat es in dieser Verbindung als Motiv gewirkt; um als Grund zu wirken, mit Vermeidung der beiden entgegengesetzten Fehler seiner Wirkung als Motiv, von denen ich gehandelt, ist es so zu stellen, wie gezeigt ward, d. h. es ist von der Gesammtheit dessen, was wir vom Dasein wissen, auszugehen, nicht aber, was wir von endlichen beschränkten Daseinskreisen wissen, unmittelbar auf's Unendliche und Ewige, an das wir zu glauben haben, zu übertragen, sondern in derselben Richtung, in der wir schon wissend von engern und niedern Daseinskreisen zu weitern und höheren gelangen, erweiternd und steigernd darüber so hinauszugehen, daß wir damit zu Vorstellungen von den allgemeinsten, höchsten und letzten Daseinskreisen und Daseinsweisen gelangen, welche den Folgerungen und Foderungen der beiden andern Principe in günstigster Weise begegnen. Hiemit compensiren wir einerseits die Unsicherheit des Ueberschreitens des Erfahrungskreises, welche noch von der Wissensseite her übrig bleibt, und stellen anderseits dem historisch und praktisch gestützten Glauben die Stütze unter, deren er noch von der Wissensseite her bedarf.

3) Auf diesem Wege ergeben sich die Grundpuncte des Glaubens an die höchsten und letzten Dinge, welche von dieser Schrift vertreten werden, einschließlich derer, die den

jetzigen Standpunct überschreiten, als nothwendige. Denn
es giebt keinen andern Weg, den Folgerungen und Fode=
rungen aller drei Principe in Zusammenhang und Ein=
stimmung zu genügen, als mittelst dieser Puncte.

4) Der bisherige Standpunct des Glaubens aber wird
nur insofern damit überschritten, als er sich zugleich damit
nach seinen wesentlichsten Gesichtspuncten fester stellt und
die widersprechendsten Ansichten, die sich historisch geltend
gemacht haben, so gut dadurch vereinigt werden, als es
der Widerspruch derselben zuläßt.   Die bedeutungsvollsten
und geheimnißvollsten Worte der Bibel klären sich damit
und finden damit eine wörtlichere Auslegung, als Seitens
der Wortgläubigen selbst.

Ist das aber so, so werden auch, nach den allgemeinen
Principien dieser Schrift selbst, jene Puncte, welche die
Bedingung einer Vereinbarkeit aller drei Glaubensprinci=
pien sind, in dem Zusammenhange, in dem sie es sind,
endlich historisch durchschlagen und damit den bisherigen
Standpunct nicht sowohl stürzen als steigern.

Sie werden es, deß bin ich ruhig und sicher.

Und was will es sagen, daß sie es nicht auf einmal
und plötzlich thun! Auch die Einseitigkeiten und Wider=
sprüche der bestehenden Ansichten sind historisch festgewur=
zelt, und die Bestrebungen eines Menschleins, der am
Studirtisch brütet, sind ein zu schwacher Hebel, eine Welt=
ansicht auf einmal zu entwurzeln, die fast ein paar Jahr=

tausende ihre Wurzeln in diesen Einseitigkeiten und Wi=
dersprüchen fortgetrieben, die festesten in das Dichten und
Denken der Dichter und Denker selbst getrieben und mit
den Ausläufern das des ganzen Volks durchwurzelt hat.
Jedoch sie sind der Ansatz eines Hebels, und das stille
Brüten geht dem Fluge und Gesange eines neuen Vogels
voran; gleich muß man ihn nicht wollen.

XII.

Schluß.

In Gott ruht meine Seele;
Weil Gott lebt, lebe ich;
Denn Er allein hat Leben;
Ich kann nicht stehn daneben;
Er kann nicht lassen mich.

In Gott ruht meine Seele;
Du sprichst, daß sie vergeht;
Da trag' ich keine Sorgen;
Auf immer ist geborgen,
Die jetzt in ihm besteht.

In Gott ruht meine Seele;
Mein ganzer Lebenslauf
Wird in ihm aufgehoben;
Und einst hebt er nach Oben
Die ganze Seele auf.

In Gott ruht meine Seele;
Die Seele sieht ihn nicht;
Da, Gott den Herrn zu zeigen,
Die Zeugen niedersteigen,
Christus voran als Licht.

In Gott ruht meine Seele;
Der Engel ganze Schaar
In seinen reinen Höhen
Lichtstralend seh' ich gehen,
Und einer trägt mich gar.

In Gott ruht meine Seele;
Er ist der Seelen Band;
Für Glauben, Lieben, Hoffen
Ward erst die Seele offen,
Seit sie es recht erkannt.

In Gott ruht meine Seele,
Er hält in sich den Rath
Von Wahrheit, Schönheit, Güte,
Daß Einheit im Gemüthe
Und Ziel sei für die That.

In Gott ruht meine Seele;
Was kann der kleine Theil?
Wie fern, wonach ich lange!
Sei Seele nur nicht bange;
Entgegen kommt das Heil.

In Gott ruht meine Seele;
Gott wirkt sie in sich aus;
Sein Wollen ist mein Sollen;
Ich kann dawider wollen;
Doch Er führt es hinaus.

In Gott ruht meine Seele.
Der selber sündigt nicht,
Trägt doch mit seinem Kinde
In sich auch dessen Sünde,
Führt es zuletzt zur Pflicht.

In Gott ruht meine Seele;
O Trost im größten Leid!
Gott kann's nicht in sich dulden,
Es sind nur Freudenschulden;
Ich warte meiner Zeit.

In Gott ruht meine Seele;
Es sei das letzte Wort;
Ob fern vom ird'schen Hafen,
Ich kann doch ruhig schlafen;
Er ist mein ew'ger Port.